Delius Klasing
EDITION MOBY DICK

Thomas Mayr

Rennradfahren in der Toskana

18 ausgewählte Touren

Mit Straßenkarte 1:300.000

Delius Klasing
EDITION MOBY DICK

Von Thomas Mayr ist außerdem im Moby Dick Verlag erschienen:
Rennradfahren auf Mallorca

Die Deutsche Bibliothek – CIP-Einheitsaufnahme

Mayr, Thomas:
Rennradfahren in der Toskana: 18 ausgewählte Touren;
mit Straßenkarte / Thomas Mayr. – 1. Aufl. – Kiel: Moby Dick Verlag, 2002
(Delius Klasing – Edition Moby Dick)
ISBN 3-89595-177-3

1. Auflage
ISBN 3-89595-177-3
© Moby Dick Verlag, Postfach 3369, D-24032 Kiel

Titelfoto: Frank Heuer
Umschlaggestaltung: Buchholz/Hinsch/Hensinger, Hamburg
Abbildungen: Thomas Mayr
Kartografie: Elsner & Schichor, Karlsruhe
Layout: Karin Buschhorn
Druck und Bucheinband: Kunst- und Werbedruck, Bad Oeynhausen
Printed in Germany 2002

Vertrieb: Delius Klasing Verlag, Siekerwall 21, D-33602 Bielefeld
Tel. 0521/559-0, Fax 0521/559-113
e-mail: info@delius-klasing.de
www.delius-klasing.de

Inhalt

Inhalt

Vorwort

Millionen von Touristen auf der ganzen Welt kennen die Toskana als die Region Italiens, wo die sanfte Landschaft die Seele erfrischt, wo die einsame Zypresse auf grüner Hügelkuppe beinahe magische Augenblicke entwirft und wo fast jeder Schnappschuss zum Gemälde wird. Tausende Menschen bewundern täglich die Kunstschätze in den Museen von Florenz, Siena oder anderen Städten oder flanieren durch historische Stadtzentren. Wir alle kennen die Gaumenfreuden eines Glases guten Chianti oder des duftenden Olivenöles aus der Toskana.

Doch als Radsportland ist die Toskana, trotz der Radsportverrücktheit Italiens, weitgehend noch ein unbeschriebenes Blatt. So laut rufen die Regionen Spaniens oder die der italienischen Adriaküste, dass das leisere Locken der Toskana vom sportbegeisterten Menschen leicht überhört werden kann.
Dabei bietet diese Region neben der unvergleichlichen Schönheit und Anmut des Landes eine Vielfalt des Geländes ohnegleichen: die flachen Küstenregionen im Westen, die sanften Hügelketten im Zentrum oder die scharfen Berganstiege der Alpe Apuane und des Apennin im Norden und Osten lassen fast keinen Wunsch nach einer bestimmten Geländeformation unerfüllt.
Der Verkehr ist, bis auf wenige *strade nationale,* verschwindend gering und der Straßenzustand, bis auf wenige Ausnahmen, gut bis ausreichend.
Italien ist eine Radsportnation ohnegleichen und dementsprechend hoch ist auch der Respekt und die Wertschätzung, die einem hier als Rennradfahrer entgegengebracht wird. Man fühlt sich zu Hause, wenn die Pkws einem auf der Straße quasi den Vorrang lassen oder wenn Einheimische hier in jeder Bar versuchen, trotz eventueller Sprachschwierigkeiten ein Gespräch mit dem *ciclista* über das *bici* oder den *ciclismo* zu führen.

Ich möchte Ihnen mit diesem Reiseführer ausgewählte toskanische Radreviere vorstellen. Die einzelnen Etappen werden genau beschrieben und durch möglichst viele nützliche Informationen über die Strecke (Höhenprofil, Übersetzungsvorschläge, Asphaltzustand usw.) ergänzt, sodass Sie sich – schon vor den ersten Pedalumdrehungen – auf die besonderen toskanischen Bedingungen einstellen können.
Zudem werden sportmedizinische und trainingsspezifische Aspekte des Rennradfahrens behandelt – speziell zugeschnitten auf die Geländestruktur der Toskana –, um Ihnen auch da ein Werkzeug in die Hand zu geben, mit dem Sie Ihren Aufenthalt optimal für Gesundheit und sportliche Fitness nützen können.
Dieses Wissen wird Ihnen helfen, die Schönheit des Rennradfahrens in der Toskana noch intensiver zu genießen. Und nicht zuletzt kann umfassende Information auch das Risiko senken, einen Radunfall zu erleiden.

Neben diesen sportspezifischen Details drängen sich natürlich die kulturellen und historischen Werte geradezu auf. Beschreibungen der jeweiligen Orte und Hintergrundinformationen über die Gegenden, die

Sie per Rennrad durchfahren, finden Sie ebenfalls in diesem Führer.

Gerade die Toskana hat in kultureller Hinsicht eine so starke Ausstrahlung, dass sie einen fast zwingt, den tief über den Fahrradlenker gebeugten Kopf zu heben und das Augenmerk auch auf historische und kulturelle Aspekte des Landes oder auch nur auf die Schönheit der vorbeisausenden Landschaft zu richten.

In diesem Sinne wünsche ich Ihnen viel Freude mit diesem Buch und viel Spaß beim Rennradfahren in der Toskana.

Thomas Mayr

Wissenswertes

Allgemeines

Die Toskana ist mit knapp 23 000 km^2 etwa so groß wie Hessen, hat ein Viertel der Größe Österreichs oder ist halb so groß wie die Schweiz (und fünfmal so groß wie Mallorca).
Damit wird eines klar: Die Toskana als Ganzes kann nicht in kurzer Zeit erradelt werden, sie kann in einem vielleicht zweiwöchigen Aufenthalt immer nur in Teilaspekten erforscht werden.

Wichtig und vielleicht auch erstaunlich ist der Umstand, dass die Toskana zu 90% aus Hügeln und Bergen besteht und nur zu 10% aus Ebenen. Der sportliche Radfahrer sollte also »drehzahlfest« sein, wenn er sich in der Toskana auf den Sattel seines Rennrades schwingt, um auf den vorgeschlagenen Tagesrouten die mindestens 1000 Höhenmeter auf 80 km Distanz gut verkraften zu können. Ja, er sollte sich vielleicht auf die Anstiege freuen, die Hügel lieben, denn mit denen hat er's in der Toskana hauptsächlich zu tun. Im inneren Teil der Toskana ist es eher selten, dass man einmal die Beine in der Ebene gemütlich kreisen lassen kann, meistens befindet man sich im Anstieg auf einen Hügel oder gar auf einen Berg – oder auf der verdienten Abfahrt.
Der Radurlaub oder das Trainingslager haben hier – wenn man sich nicht ausschließlich in den Ebenen der Küsten aufhält – eher den Charakter eines Bergtrainingslagers und eines Kraftausdauertrainings.

Trotzdem ist es wegen der Größe und Vielfalt des Landes ebenso möglich, an seinem 380 km langen flachen Küstenstreifen, der von einer schmalen Straßentrasse zwischen Meer und Hügelkette bis zu 40 km weit ins Inland reicht, ein Frühjahrstrainingslager abzuhalten, das Kilometer bringt und die Grundlagenausdauer schult.

Vegetation und Fauna

Das reizvolle an der toskanischen Pflanzenwelt ist sicherlich die Vielfalt der Arten, das Nebeneinander von kultivierten Flächen und absoluter Wildnis und der Wechsel der Vegetation im Jahresrhythmus.
Einerseits sind viele Olivenhaine wie mit dem Lineal gezogen, schmiegen sich die Weinberge in exakten geometrischen Formen an die Hügelketten, sind die Zypressenalleen wie auf einer Schnur aufgefädelt, andererseits kann man wenige Kilometer weiter vor einem undurchdringlichen dschungelartigen Bewuchs höherer Bergkuppen stehen.
Häufigste Waldform ist der Mischwald, wo Eichen, Edelkastanien, Kiefern, Tannen, Scheinakazien und Hainbuchen sich den Platz mit einer dichten Macchie aus undurchdringlichem Buschwerk teilen. Hier wachsen Ginster, Erika, Schwarzdorn, Feuerdorn, Mastixsträucher, Wacholder, Stechwinden, dazwischen wilder Knoblauch, Rosmarin, Origano und Thymian, welche einen herrlichen Duft verbreiten.
Das Wahrzeichen der Toskana sind die hochaufragende Zypresse, die die Verbindung nach oben, zum Himmel symbolisiert, und die Pinie, die mit ihrem pilzförmigen Schirm die hori-

zontale, erdgebundene Ebene darstellt.

Im Frühjahr sind besonders die Wie-
sen überwältigend, wenn die zarte
Pracht der wilden Blumen seit je her
Maler und Dichter zu romantischen
Werken animiert. Der Herbst dagegen
protzt mit den satten Farben der
samtroten Mohnfelder oder der
intensiv gelben Sonnenblumen und
hat dann seinen Höhepunkt, wenn
die Blätter der Weinstöcke und Wälder sich zu verfärben beginnen.
Maler und Fotografen aus der
ganzen Welt reisen an, um diese ma-
gischen Momente einzufangen.

Die Tierwelt hat unter dem Menschen sehr gelitten, speziell unter der
großen Jagdleidenschaft der Italiener,
und da es für jeden Inländer sehr
leicht ist, eine vorübergehende Jagd-
erlaubnis zu bekommen, geht es dabei nicht einmal um Wilderei. Daher
ist das Niederwild sehr selten geworden und nur noch in den vielen
Nationalparks anzutreffen. Heimisch
sind aber Wölfe im Apennin und
überall in der Toskana die Wild-
schweine. Auch eine Vielzahl von
Vogelarten sind, obwohl selbst diese
gejagt werden, zu hören und zu
sehen. So ist es nicht selten, dass
mehrere Nachtigallen ihr Lied zum
Besten geben, wenn Sie gerade
irgendwo im ländlichen Teil der
Toskana ins Bett gehen wollen.
Ein anders Thema sind die Schlan-
gen: Neben vielen Eidechsen und
ungiftigen Nattern sind mehrere gifti-
ge Vipernarten in der Toskana heimisch, das heiße Klima in den Niederungen im Sommer kommt ihnen
entgegen. Bei Wanderungen in diesen Regionen und beim Fotografie-
ren abseits der Straßen muss auf
entsprechend festes Schuhwerk und
lange Hosen geachtet werden.

Klima und Wetter

Generell ist das Klima in der Toskana
selbstverständlich mediterran: trocke-
ne, heiße Sommer und kurze nasse
Winter.

Grundsätzlich herrscht an den Küstenstreifen meist ein deutlich besse-
res Wetter als im Kernland der Toskana. So etwa kann in der *Maremma
Pisana* und weiter südlich ein Frühjahrstrainingslager schon im Februar
oder März abgehalten werden. Es
gibt hier zwar keine Schönwetterga-
rantie wie in Südspanien oder teilweise auf Mallorca, aber die Sonne
kann die nächtlich noch frische Luft
auch hier schon im Februar auf mehr
als 20 °C aufheizen.

Im Inland dagegen ist es vom
November bis Februar noch kalt und
unangenehm feucht, so dass längere Wärmeperioden und damit ange-
nehmes Radfahren eher selten sind.
Ab März kann aber auch hier gefahren werden, die Temperaturen erreichen in Schönwetterperioden
20–22 °C, ja in Ausnahmefällen sogar bis zu 30 °C, nur muss man
immer mit mehreren Regentagen
rechnen. Etwa an einem Drittel der
Märztage regnet es!
Auch der April ist zwar noch leicht
wechselhaft, aber als Reisemonat
bereits gut zu gebrauchen.

Ideal sind dann der Mai, der Juni, und
die erste Hälfte des Juli: Die Temperaturen sind stabil, mit durchschnittlich
25 °C ist es nicht zu heiß, auch die
höheren Regionen sind nun ange-
nehm frisch, das Meer hat sich auf
Badetemperatur von 20 °C erwärmt
und die Leute sind freundlich und
entspannt. Die kurzen Regenschauer
werden als willkommene Erfrischung
gesehen und bringen die Straßen
und die Vegetation auf Hochglanz.

Ähnliches gilt für den September und mit leichten Einschränkungen auch noch für den Oktober. Der in den Niederungen liegende Nebel löst sich dann am Vormittag auf, die Sonne muss aber dazu die im Oktober schon leicht abgesunkenen Morgentemperaturen wieder nach oben bringen.

In dieser Zeit lockt natürlich zusätzlich zu allen Wetterüberlegungen die Farbenpracht der reifenden Vegetation. Von dieser Warte besehen ist der Herbst sicher die schönste Zeit, der Toskana zu begegnen.

Ungeeignet für das Radfahren ist der Hochsommer. Neben Backofentemperaturen von bis zu 40 °C, die ohne Kopfbedeckung rasch in einen Sonnenstich münden, kommt noch der Stress mit dem massiven und hektischen Urlauberverkehr. *Ferragosto* ist neben dem ausländischen Ansturm auf die Sonne Italiens auch der Paradereisemonat der Italiener. Ganz Italien sperrt seine Geschäfte zu und fährt ins eigene Land auf Urlaub.

Das weiß jeder italienische Hotelbesitzer genau und setzt deshalb die Preise in diesen Monaten auf schwindelerregende Höhen.

Essen und Trinken

Italien und die Toskana sind Regionen, in denen das traditionelle Essen der Bevölkerung genau die ideale Zusammensetzung bietet, die wir Radfahrer brauchen: viele Kohlenhydrate, wenig Fett und ausgewogen viel Eiweiß. Da die Küche zudem noch köstlich ist – schließlich ist sie mindestens 1000 Jahre alt und aus ihr ist auch die französische Küche hervorgegangen – können wir uns während unseres Radaufenthaltes nicht nur über einen optimalen Kaloriennachschub sondern auch über kulinarischen Hochgenuss freuen.

Das **Frühstück**, *prima colazione*, das ja für uns als Tourvorbereitung die größte Bedeutung hat, ist dabei leider das Stiefkind der Italiener: Zum leckeren *cappuccino* gibt es höchstens ein Hörnchen, *cornetto*, oder ein Gebäck, *pasta*. Da müssen wir also

Edelkastanien werden im Amiata-Gebiet geröstet.

Die Einsiedelei des Franz von Assisi.

kräftig nachhelfen und uns aus dem *supermercado* oder vom Markt selbst mit allem Notwendigen versorgen. Übrigens kann man mit jedem Koch oder Hotelbesitzer über Kalorienanzahl oder Menüfolge mit dem Hinweis auf unsere sportliche Situation reden. Meistens wird er verständnisvoll Änderungen in unserem Sinne ermöglichen.

Ab 13 Uhr beginnt pünktlich in ganz Italien die Siesta und damit das **Mittagessen**, *pranzo*. Man tafelt hier ausgiebig, beginnend mit den Vorspeisen, *antipasti*, die in der Toskana aus *prosciutto con melone, bruscette miste*, geröstetem Brot mit Knoblauch und Olivenöl oder Pasteten aus Leber bestehen können.

Der erste Gang, *primo piatto*, besteht meist aus diversen Nudelgerichten – oft sogar handgemacht –, Suppen, etwa *minestrone* (Gemüsesuppe), oder Reisgerichten.

Wo wir Nordländer dann schon zu Ende wären, beginnt hier erst der Hauptgang, *secondo piatto*, mit einem Fleisch- oder Fischgericht. Typisch für die Toskana ist das *bistecca alla fiorentina*, ein Beefsteak vom weißen Chiana-Rind auf Holzkohlenfeuer gegrillt und kräftig gewürzt.

Zum Dessert, *dolce*, bekommt man *gelato* (Eis) in verführerischen Kreationen, oder *tira misu* oder frische Früchte gereicht. Den krönenden Abschluss bietet dann der *espresso*, nicht der *cappuccino*, und ein Digestif, etwa ein *grappa*.

Das **Abendessen**, *cena*, das erst ab 21 Uhr nach dem *passagiata*, dem allabendlichen Flanieren, so richtig beginnt, wird unter der Woche eher sparsam eingenommen, am Wochenende aber geradezu zelebriert und mit Freunden oder in der Großfamilie genossen.

Die teuerste Variante, ein Essen zu genießen, ist das *Ristorante*, das Restaurant. Bei Ausschöpfung aller Gänge ist hier pro Person mit etwa 30 bis 60 Euro zu rechnen. Da die Toskana auch die obersten 10 000

Marmor – das weiße Gold Carraras.

anlockt – viele internationale Stars etwa haben hier ihre Domizile – gibt es aber auch Lokale, wo eine Portion Spagetti alleine 30 Euro kostet, also lieber vorher einen Blick auf die Karte werfen. Die *Trattoria* ist auf dem Lande ein Familienbetrieb, der hauptsächlich regionale Küche pflegt, sich heute aber im Preisniveau kaum mehr vom *Ristorante* unterscheidet. Ähnlich verhält es sich mit der *Oste-*

ria, auch diese kann ein kulinarischer Volltreffer sein, aber auch ein touristisches Abzocklokal. Auf Nummer sicher geht man in einer *Pizzeria,* die neben den Pizze auch oft einfache Nudelgerichte kredenzt. Auch die *Birreria* wartet außer mit einer Vielfalt an Getränken mit einfachen Mahlzeiten auf.

In Touristengebieten werden in allen Lokaltypen gelegentlich Festpreismenüs angeboten. Diese sind sehr oft die günstigste Art, genügend Kalorien für sein Geld gereicht zu bekommen.

Sozialer Treffpunkt eines Ortes ist immer die *Bar,* wo einige Snacks erstanden werden können, wo aber hauptsächlich – neben jeder Menge heißer Diskussionen und dem unvermeidlichen Fernsehprogramm – der *espresso,* der *cappuccino* oder ein *grappa* genossen werden.

Wahl des Urlaubsortes

Da die Toskana ein recht großes Land ist, sollte in Bezug auf das Radfahren möglichst eine zentrale Region als Aufenthaltsort gewählt werden. Hier bietet sich etwa das Gebiet um Siena an.

Wohnt man exponiert, etwa um Arezzo, Viareggio, oder in der Maremma Pisana, so wird die Anfahrt zu den Touren der gegenüberliegenden Landesteilen etwas mühsam.

Denn die optimale Art, sich der ganzen Toskana radlerisch zu nähern ist – mit dem Auto. Nur wenn man eine Anfahrtszeit von einer halben bis eineinhalb Autostunden in Kauf nimmt, können die einzelnen Radreviere erreicht werden und damit die Toskana zumindest ansatzweise »abgeradelt« werden.

Möglich ist natürlich auch ein Trainingslager an der Küste, wo von einem zentralen Ort aus viele Einzeltouren, sowohl in den Ebenen als auch in den Hügeln unternommen werden können.

Unterkunft

Die Toskana ist ein Tourismusland par excellence – es gibt daher genügend vielfältige Unterkunftsmöglichkeiten. Mit einer Ausnahme: Es gibt praktisch keine Hotels oder Angebote für den Massentourismus. Daher wird man hier den typischen Billigurlaub wie etwa auf Mallorca kaum finden können.

Die Preise sind in fast jeder Kategorie im allgemeinen als gehoben zu bezeichnen, trotzdem gibt es einige Möglichkeiten, günstig zu seinem Bett zu kommen.

Hotels, *alberghi,* sind in fünf Kategorien in den großen Städten und vor allem am Meer anzutreffen. Doppelzimmerpreise werden immer pro Zimmer angegeben, Halb- oder Vollpension pro Person.

Relativ günstig sind die steigende Anzahl von Appartements, die bei Ausnützung der vorhanden Schlafplätze durchaus einen preiswerte Übernachtung ermöglichen. Allerdings kann man diese meist nur wochenweise mieten und man sollte auf diverse Nebenkosten, wie Endreinigung, Strom- oder Gaskosten vorbereitet sein.

Die günstigste Variante sind die immer mehr in Mode kommenden *Agrotourismo,* Ferien auf dem Bauernhof, die einen besonders intensiven Kontakt mit der Bevölkerung ergeben. Auch die meist hervorragende Küche des Hauses kann mit einer Halbpension genossen werden – *cucina casalinga garantita,* zu deutsch »italienische Hausmannskost der Region«.

All diese Möglichkeiten kennen einen ungewohnt großen Unterschied je nach Saison: Die Nebensaison ist wirklich preiswert, die Hochsaison oft bis zu dreimal (!) so teuer. In der Hauptsaison, welche auch Feiertage wie Ostern oder Pfingsten einschließt, muss vorab gebucht werden, in der

Montalcino, die Stadt des Brunello-Weins.

Nebensaison kann man auch vor Ort fündig werden.

Informationen über alle Übernachtungsmöglichkeiten geben die lokalen Touristikinformationszentren und APT´s.

Ausrüstung

Ein Rennrad oder entsprechendes leichtes Mountainbike sollte es schon sein, wenn man in der Toskana 80 km pro Tour radeln will. Wegen der Aneinanderreihung von mittleren bis schweren Anstiegen ist besonderes Augenmerk auf die Kletterfähigkeit des Rades zu legen: Die Übersetzungen sollten mindestens 39/23 bis 39/25 betragen – wer ein Dreifachkettenblatt hat, ist jegliche Sorge los, er wird die richtige Übersetzung dabei haben. Es geht hier ja nicht um ein rennmäßiges Abfahren der Touren, denn man sollte sich während einer einzelnen, vielleicht sehr anstrengenden Tour nicht soweit verausgaben, dass man die nächsten Tage nicht mehr Tritt fassen kann. Darum eher größere Ritzel zum Kraft sparen mitnehmen.

Das Mieten von hochwertigen Rennrädern ist in der Toskana nicht möglich.

Bei technischen Problemen während des Aufenthaltes muss man sich in die größeren Städte begeben. Dort gibt es gut sortierte Fachwerkstätten, die jedes Problem – auch bei Shimano-Komponenten – beheben können.

Verkehr

Das Verhalten der Italiener im Verkehr ist doch deutlich anders als nördlich der Alpen üblich:

Es scheint chaotischer zuzugehen, der Ermessensspielraum des einzelnen Teilnehmers ist größer und er richtet sich wesentlich mehr nach dem Vorrang des Stärkeren oder Schnelleren und viel weniger nach Regeln und Vorschriften. Dabei haben die Italiener aber bei vergleichbarem

Verkehrsaufkommen weniger Tote im Straßenverkehr als Deutschland, Österreich oder die Schweiz zu beklagen.

Wir Radler sind die Begünstigten dieser Situation, da jeder Rennradfahrer im höchsten Maße beachtet und respektiert wird. Das aggressive Hupen der Autofahrer, wenn sie Radfahrer einmal nicht überholen können, gibt es in Italien praktisch nicht. Ja, in manchen Gegenden des Südens, etwa in Sizilien, haben die ersten Radfahrer einer Gruppe Trillerpfeifen, mit der sie sich in den Ortschaften, durch die die *squadra*

Schützend bewacht ein Stadtturm die Ruhe von San Quirico.

Im Chianti oberhalb von Poggibonsi.

saust, Aufmerksamkeit verschaffen – auch der *Carabinieri* stoppt dann den Verkehr für diese schnelle Truppe.

Für den Autofahrer ergeben sich einige wichtige Unterschiede:

Auf der Autobahn ist es nicht ausgeschlossen, dass derjenige, der überholt und dabei den Fahrstreifen wechselt, nicht nach hinten schaut, um sich zu vergewissern, ob jemand kommt. Deshalb müssen Kolonnen mit größter Aufmerksamkeit überholt werden, das häufige Einsetzen der Lichthupe ist hier nicht aufdringlich und wird allgemein gepflegt.

Die Geschwindigkeitsbeschränkungen auf den Landstraßen werden allgemein nur als Empfehlung erachtet, die Polizei führt zwar Radarkontrollen durch, scheint aber dabei nur äußerst punktuell vorzugehen. Gelegentlich sind geschwindigkeitsbegrenzende Verkehrszeichen an einer Baustelle Monate bis Jahre auch nach Beendigung der Arbeit dort aufgestellt und niemand hält sich daran.

Wenn ein Italiener auf der Landstraße ein anderes Auto überholt und es kommt ihm dabei ein drittes Auto entgegen, dann versucht er nicht, den Überholvorgang durch Gasgeben beschleunigt abzuschließen, sondern er erwartet, dass alle anderen Beteiligten bremsen – er als grade aktiver schnellerer Verkehrsteilnehmer hat Vorrang. Dies wird allseits akzeptiert!

In den Städten wird nach Gefühl gefahren – Ampeln werden beachtet, andere Verkehrszeichen sind nur Vorschläge. Doch jeder achtet dabei doch den Anderen, hält Augenkontakt und ermöglicht so ein erstaunlich flottes Vorwärtskommen.

Achtung dabei auf die Moped- und Rollerfahrer: Diese bilden quasi eine eigene Kaste der Verkehrsteilnehmer, die sich an gar keine Regeln hält: Weder Ampeln noch Stoppschilder noch Zebrastreifen werden beachtet – man muss sich in den Städten bewusst sein, dass immer und überall so ein Flitzer links oder rechts vom Auto auftauchen kann, den man dann im Blick haben muss.

Was häufig kontrolliert wird, ist das Einfahrt- und Parkverbot in die Zentren der historischen Städte. Hier wird rigoros abgeschleppt, oder – wenn *in flagranti* erwischt – es werden exorbitante Bußgelder bis zu 180 Euro verhängt, die – bei Androhung der Passabnahme – auf der Stelle zu bezahlen sind.

Gesundheit und ärztliche Versorgung

Italien ist in der Notversorgung und Ersten Hilfe vorbildlich: Mit dem kostenlosen Notruf der Telefonnummer 133 von jedem öffentlichen Fernsprecher aus erreicht man die Polizei, die dann entsprechende Hilfe ermöglicht. Auch die Erstversorgung im Krankenhaus oder die Entsprechung in den Touristenorten während der Saison, dem *guarda medica turistica*, ist kostenlos. Sollten doch Kosten entstehen, so kann man diese gegen Vorweisen einer detaillierten Quittung bei seiner Heimatkrankenkasse erstattet bekommen. Das Verwenden von Auslandskrankenscheinen ist schwieriger und verwirrend, weil es hier keine einheitlichen Regeln gibt.

Aber Achtung: Auch die Ärzte wissen, was eine *alto stagione*, eine Hochsaison ist, und verlangen manchmal deutlich höhere Honorare als üblich. Es empfiehlt sich daher, eine der angebotenen meist sehr günstigen Reiseversicherungen abzuschließen, die im Bündel dann auch noch andere in Italien gut brauchbare Details enthält: etwa eine Reisegepäck-Diebstahlversicherung.

Den kleinen Wehwehchen kann, wenn man keine Reiseapotheke dabei hat, die *Pharmacia,* die Apotheke abhelfen

Öffnungszeiten: ca. 8.30 – 13 und 16.45 – 19 Uhr.

Telefon

Telefonieren kann man problemlos von den öffentlichen und zum Teil auch privaten Telefonzellen aus. Wer aber mit Münzen oder gar noch mit den *gettoni* telefonieren will, muss immer länger nach entsprechenden Zellen suchen. Wegen der nicht beherrschbaren Kleinkriminalität wurde generell auf Telefonwertkarten umgestellt, die man in jeder Bar oder im Tabakladen kaufen kann. Die Gebühren von Italien ins Ausland sind höher als umgekehrt, Spartarif gibt es Sonntags ganztägig und Werktags von 22 – 8 Uhr.

Vorwahl nach Deutschland ist 0049, nach Österreich 0043 und in die Schweiz 0041. Dann erfolgt die Eingabe der Ortsvorwahl ohne die Null und danach die Teilnehmernummer.

Kurzer geschichtlicher Rückblick

In fast jedem Winkel der Toskana stößt man auf die ältere oder jüngere Geschichte dieses Landes, das als zentraler Ausgangspunkt viele politische, kulturelle oder soziologische Entwicklungen für ganz Europa eingeleitet hat.

Die ältesten bekannten Funde in der Toskana datieren aus den Jahren um 1400 v. Christus.

Nach Grabsteinen, die man bei *Villanova* östlich von Bologna gefunden hat, und die im archäologischen Museum in Florenz zu sehen sind, nennt man diesen Abschnitt der Bronzezeit die Villanova-Kultur.

Überwiegend friedlich – es wurden nur ganz wenige Kriegsutensilien gefunden – dürfte sich der Übergang in die etruskische Epoche vollzogen haben.

Dieses sagenhafte Volk brachte, von

der Toskana ausgehend, in seiner Blütezeit beinahe ganz Italien unter seine Herrschaft. Basis war die Eisenverarbeitung und die daraus resultierende Machtposition. Vor allem auf Elba und südlich von Volterra wurden Erze aus der Erde geholt und weiterverarbeitet. Die sich damals herausbildende Hochkultur der Etrusker soll aber auch sozioökonomische Glanzlichter gehabt haben: So sollen damals Frauen und Männer gleichberechtigt gewesen sein; der Tod wurde nicht gefürchtet, sondern als Übergang besungen und gefeiert.

Straßen wurden gebaut, Sümpfe – etwa die Maremma – trockengelegt und bewirtschaftet. Politisch waren Städte die Zentren des Landes, die in einem losen Städtebund organisiert waren. Volterra etwa hatte damals über 50 000 Einwohner und war wie Arezzo eine jener 12 Hauptstädte der Etrusker. Selbst der Name der Toskana rührt von den Etruskern, denn die Latiner, das Volk im Süden um Rom, bezeichnete die Etrusker als »Tusci«.

Die größten Feinde der frühen Etruskerzeit waren vorerst die Griechen, die in Süditalien Kolonien unterhielten. Verlorene Seeschlachten beschleunigten den Verfall von Macht und Einfluss.

Doch endgültig besiegt wurden die Etrusker erst von den Römern, welche ab etwa 200 v. Chr. die neuen Herren der Toskana wurden. In vielen archäologischen Museen – die größten sind in Florenz, Volterra und Arezzo, können noch etruskische Kunstgegenstände, Graburnen und Haushaltsutensilien dieser Hochkultur besichtigt werden, und in vielen Nekropolen bei Pitigliano, Sovana, Populonia, Barratti und anderenorts kann man die eindrucksvollen Grablegungen dieses Volkes bewundern.

Die Römer waren dann aus ganz anderem Holz geschnitzt: Sie zerstörten die etruskischen Städte großteils und installierten mit straffen politische Strukturen und aggressiver Kriegsführung eine 600 Jahre währende Herrschaft in ganz Italien. Sie brachte eine neue Hochkultur, Bürgerrechte für die Bewohner der Toskana, aber auch einen Aufstieg der Städte, der eine verheerende Landflucht zur Folge hatte. Rom wuchs damals schon zur Millionenstadt heran – die Weinberge und Felder des Landes aber lagen brach und verwilderten.

Dadurch und durch Billigimporte von Getreide und auch Erzen aus den Kolonien verarmte die Toskana. Sie riss aber auch Rom mit in den Untergang – die Macht bröckelte, ein Vakuum tat sich auf, das die Heere aus dem Norden Europas auffüllten. Ab etwa 400 n. Chr. regierten Ostgoten, dann Langobarden, später Franken in der Toskana. Sie etablierten im geschaffenen Herzogtum und später in der Markgrafschaft Tuscien – der Toskana – ein Feudalsystem, das mit dem Lehenswesen die Landbevölkerung schwer unterdrückte. Adel und hoher Klerus teilten sich die Macht und verpflichteten die unfreie, überwiegend bäuerliche Bevölkerung zu

hohen Abgaben. Reste dieses Feudalismus wurden in Italien übrigens erst vor 40 Jahren abgeschafft (Abschaffung der Halbpacht, der *Mezzadria*, mit der Landreform 1962).

Durch den Tod der nordischen Potentaten fiel die Toskana ab 950 n. Chr. wieder an das römische Kaiserreich und wurde hier immer mehr zum zentralen Zankapfel der Mächtigen.

Durch den Streit der weltlichen mit der geistlichen Macht, der im 11 Jahrhundert im sprichwörtlichen Gang Kaiser Heinrich IV. nach Canossa gipfelte, konnten die langsam erstarkenden Metropolen der Toskana Freiraum von der Knute des Feudalismus gewinnen. Seefahrt, Kreuzzugbewegungen, Bankgeschäfte, Handel und Handwerk brachten immer mehr Wohlstand in die Kassen, sodass durch diese Machtverschiebung die Städte Lucca, Pisa, Florenz, Siena oder auch Montalcino eine gewisse Autonomie erwarben. In Pisa, der einzigen Hafenstadt, blühten die

Schon die Etrusker kannten die gesundheitsfördernden Wirkungen der Schwefelquellen.

Sorano – die etruskische »Stadt am Abgrund«.

Seefahrt und der Handel, in Siena bildeten sich die ersten Banken Europas. Sie liehen den Adeligen Geld und erfanden damit den Kapitalismus, die Textilindustrie florierte, kurzum: Ein rasanter Aufschwung in allen Bereichen brachte ein immenses Vermögen in die Städte. Das verstärkte die Landflucht weiter und drängte die Adeligen, denen dadurch viele ihre Vasallen abhanden kamen, weiter zurück.

Mit dem Wohlstand kamen auch mehr Rechte für die Bürger der Städte, die sich in demokratischen Strukturen in den Stadtrepubliken formulierten. Große Bauvorhaben, wie etwa der Dom zu Pisa, wurden begonnen, Franz von Assisi gründete seinen Bettelorden, den späteren Franziskanerorden, und wetterte gegen den Ablasshandel der Kirche.

Doch die Städte ruhten nicht, sich die Vorherrschaft untereinander streitig zu machen. Gleichzeitig teilte die Auseinandersetzung zwischen Papst und Kaiser auch die Stadtrepubliken in zwei Lager, so dass mit der Niederlage Pisas in einer Seeschlacht gegen Genua und der Versandung des Arnos – Pisa lag zu der Zeit am Meer – auch Siena verarmte und Florenz um 1400 n. Chr. zur toskanischen Metropole aufstieg.

Aus den Handwerkszünften der Stadt Florenz entwickelten sich die so genannten Geschlechter, aus deren Ringen um die Vorherrschaft die Medici als Sieger hervorgingen und die Geschicke der Stadt mit einer kurzen Unterbrechung für etwa 300 Jahre lenken sollten.

In dieser Zeit entwickelte sich die Stadt am Arno zur bedeutendsten Metropole der Renaissance. Eine große Anzahl von Malern, Bildhauern, Architekten und Philosophen fanden den Weg in die Metropole, angelockt durch großzügiges Mäzenatentum des Großbürgertums und der reichen Familien von Florenz. Nach einer 12 jährigen Unterbrechung – die Medici kapitulierten vor einem französischen Erobererheer und mussten dann vor einem Aufstand fliehen – kehrten sie 1512 nicht ohne Marschgepäck nach Florenz zurück.

Aus den einstmals demokratischen Strukturen wurde in etwa zwanzig Jahren ein absolutistischer Polizeistaat geformt, mehrere Aufstände wurden blutig niedergeschlagen, die demokratischen Städte Siena und Montalcino wurden 1559 mithilfe spanischer und deutscher Truppen unterworfen, das Mäzenatentum wich Polizeispitzeln und Folter. Die Medici ließen das finsterste Mittelalter wieder aufleben. Doch auch mit Gewalt war nicht zu halten, was nicht mehr zu halten war.

Die beginnende Neuzeit verschob die Schwerpunkte in der Welt: Neue Kontinente wurden entdeckt, die Handelswege änderten sich, die Erfindung des mechanischen Webstuhles macht einen Großteil der florentiner Handwerksbetriebe brotlos, die Menschen flohen auf das Land. Die Pest entwickelte sich auf dem Boden der ausgehungerten und zum 30-jährigen Krieg befohlenen Bevölkerung – die Toskana verarmte. So war es nicht verwunderlich, dass 1737 der letzte Medici ohne Nachfolger starb und damit ein langes und bewegtes Kapitel in der Geschichte der Toskana zu Ende ging.

Die Habsburger konnten sich im Anschluss an die Medici als Großherzöge der Toskana einsetzen und begannen auch bald mit der Entrümpelung der mittelalterlichen Strukturen. Die Folter wich der Gleichheit der Bürger, die Todesstrafe wurde abgeschafft. Nach einem kurzen Zwischenregententum Napoleons folgte ab 1815 weiterer Aufschwung durch die Inangriffnahme großer wirtschaftlicher Projekte, etwa des Straßenbaus, der Trockenlegung der Sümpfe oder der Wiederaufnahme des Erzabbaus.

Doch trotz allen Respektes für die österreichischen Herrscher machte bald im Gleichklang mit anderen Völkern ein neues Wort die Runde: *Risorgimento,* nationale Wiedergeburt. Die Toskana wurde vom Großherzogtum in eine konstitutionelle Monarchie umgewandelt. Doch Österreich war nicht gewillt, freiwillig auf die Toskana zu verzichten: 1848 wurden die toskanischen Truppen und andere italienische Verbündete von General Radetzky geschlagen. Bald jedoch wurde der Druck der Bevölkerung so groß, dass der Habsburger Leopold II. abdankte und ein Repräsentantenrat 1871 über die Loslösung von Österreich und die Eingliederung in ein vereinigtes Königreich von Italien bestimmte.

Manciano – eine typisch toskanische Hügelstadt.

Florenz wurde dabei für sechs Jahre Hauptstadt Italiens, bevor die Zentrale in Rom errichtet wurde.

Die Toskana war also eingegliedert in den italienischen Nationalstaat und nahm damit auch an der Seite der Sieger England und Frankreich am Ersten Weltkrieg teil. 1922 übernahm *Mussolini* die Macht und errichtete ein totalitäres Regime. Die Toskana wurde in weiterer Folge – als der Verbündete Hitler den Zweiten Weltkrieg vom Zaun brach – zum Zentrum des italienischen Widerstandes. Vor allem in den letzten Phasen des Krieges, als Hitler in halb Italien eingerückt war, kam es zu erbitterten Kämpfen der 200 000 Partisanen gegen Hitler und zu grausamen Strafmaßnahmen gegen die Zivilbevölkerung. In vielen kleinen Dörfern der Toskana zeugen Denkmäler von den Opfern unter den Zivilisten.

Durch die Befreiung aus zum Teil eigener Kraft erwuchs ein starkes demokratisches Italien, das sich in einer Volksabstimmung 1946 für die Republik und gegen die Monarchie entschied.
In den folgenden Jahren konnte die Christlich Demokratische Partei (DC) durch geschicktes Koalieren immer wieder Mehrheiten im römischen Parlament bilden.

Bis 1991 mutige Richter den in Jahrzehnten entstandenen Filz aus Korruption, Vetternwirtschaft und Mafia aufdeckten – damals war mehr als ein Viertel des Abgeordnetenhauses angeklagt – und einen politischen Umschwung herbeiführten, der den Medienzaren Berlusconi nach oben spülte. Doch auf Grund interner Rivalitäten zerbrach Berlusconis Regierung nach knapp zwei Jahren.

Die nächste Regierung wurde ab 1996 von einem eher »linken« Bündnis olivo (Ölbaum) getragen, welches in den Wahlen 2001 wiederum durch einen Erdrutschsieg Berlusconis abgelöst wurde.
Nicht so in der Toskana: Hier vereinte die Linke ihre Kräfte und ging 2001 – trotz des Zuwachses der Rechten – als Sieger aus dieser Wahl hervor.
Die Toskana schwimmt so seit dem Beginn der Ersten Republik politisch immer gegen den Strom, indem hier die Linke meistens die Mehrheiten in den Stadtparlamenten und Gemeindestuben einnahm und so mit den zentralen Nachbarregionen Umbrien, Emiglia Romana und Marken den sogenannten »roten Gürtel« Mittelitaliens bildet.

Allgemeine radsportliche Hinweise

Die Eckdaten und die Höhenprofile der vorgestellten Touren zeigen ganz deutlich, dass die Toskana ein Land der Hügel und Berge ist. Damit stößt auch der zu überwindende Höhenunterschied in alpine Dimensionen: Nur bei einer Tour sind »nur« 800, bei allen anderen sind zwischen 1000 und 2000 Höhenmeter zu bewältigen. Dabei sind diese Steigungen nicht auf einmal zu überwinden, sondern sind als Aneinanderreihung von mehreren Hügeln hintereinander aufgetürmt.
Es ist also hier eine entsprechende **Grundlagenausdauer die unbedingte Voraussetzung,** um diese Herausforderungen auch wirklich genießen zu können. Je mehr Kilometer man vor der Toskana in den Beinen hat, desto besser.
Gemütliches Einrollen in der Ebene kann die Toskana nur in den Küsten-

Römisches Viadukt unterhalb von Pitigliano.

regionen der *Versilia,* der etruskischen Riviera oder an der *Maremma Pisana* und den daran unmittelbar angrenzenden Landstrichen bieten.

Sonst wird hier vor allem die **Kraftausdauer** trainiert, also die Fähigkeit, in einem mittleren bis höheren Intensitätsbereich ausdauernd Leistungen zu vollbringen. Etwa wenn auf einer Tour vier oder fünf Anstiege zwischen 15 und 40 Minuten bei einer Herzfrequenz von 150–165 zu absolvieren sind. Sowohl die Kraftkomponente als auch die Ausdauer werden so in besonderem Maße geschult. Trainingsziel könnte dabei sein, solche Steigungen so zu befahren, dass trotz forcierter Atmung noch das eine oder andere Wort mit den Kollegen gewechselt werden kann.

Der Nährstoff, den der Körper dabei hauptsächlich verbrennt, sind die **Kohlenhydrate,** der **Zucker.** Dieser liefert die entsprechende mittlere und höhere, bis hin zur submaximalen Leistung, hat aber den Nachteil, dass

er in unserem Körper nur beschränkt vorhanden ist: Nach maximal 90 Minuten ist er aufgebraucht, wir sind »leer gefahren« oder – wenn dies sehr abrupt kommt – der berüchtigte »Hungerast« tritt ein. Das Gehirn wird nicht mehr mit dem Betriebsmittel Zucker versorgt und nicht einmal mehr die Fettverbrennung kann verwendet werden. Es erfolgt ein massiver Leistungsabfall mit extremem Hunger- und Schwächegefühl, Zittern und Gleichgewichtsstörungen bis hin sogar zum Orientierungsverlust.

Um das zu verhindern ist einerseits eine gute Grundlagenausdauer von Nöten und andererseits die richtige Ernährung.

Es sind dabei vor allem die Kohlenhydrate, die im hohen Maße zugeführt werden müssen.

Das sollte aber nicht nur vor einer Tour durch ein ausgiebigen Frühstück erfolgen – die Profis essen schon mal eine Portion Spagetti vor einer Etappe – sondern auch während der Ausfahrt sollten immer wieder kleine Happen nachgeliefert werden. Sie können aber die Entleerung der Speicher nie ganz verhindern.

Schon nach zwei Stunden kann man Bananen, Trockenfrüchte, kleine Brötchen oder Müsliriegel zu sich nehmen, bei einer Rast in einer Bar vielleicht eines der leckeren *panino con crudo o salame* oder gar eine Portion Spagetti essen. Und nach der Anstrengung des Tages sind wir Radler Gott sei Dank an keine Einschränkungen gebunden, wir können nach Herzens Lust essen, was die lokale Küche uns bietet.

Neben der Kalorienversorgung ist die Versorgung mit **Flüssigkeit** ebenso wichtig. Der Durst ist dabei ein schlechter Signalgeber, da er sich beim Sport erst dann meldet, wenn unsere Leistungsfähigkeit schon durch beginnende Austrocknung gesunken ist.

Von der Nahrungsmittelindustrie wird eine Vielzahl von isotonen Durstlöschern angeboten, die zumindest gleich effektiv sind, wie etwa Apfelsaft gemischt mit der gleichen Menge Wasser – auch diese Kombination ist isoton.

Auf alle Fälle aber muss man trinken bevor der Durst sich meldet.

Alkohol während der Tour getrunken, senkt meistens die Leistungsfähigkeit – wenn man von geringen Mengen von Bier absieht. Außerdem verringert es die Fahrsicherheit beim Steuern des Rades. Nach einer Ausfahrt schmeckt aber sicher der Wein doppelt gut – doch denken sie daran: Ihre Leber ist nach der Anstrengung ein gefragtes Organ für die Entgiftung und damit auch für die Regeneration.

Bei einer Vielzahl von Steigungen während der Ausfahrten ist das richtige Bergfahren besonders wichtig. Dazu gehört die technischen Ausrüstung und die passende Übersetzung.

Für das toskanische Gelände sollte unbedingt ein 25er Zahnkranz, bei 39 Zähnen vorne, mitgenommen werden. Man wird ihn zwar vielleicht selten brauchen, aber wenn es sehr steil wird oder wenn sich die Ermüdung einstellt, dann ist dieser »Rettungsring« hoch willkommen.

Eine weitere wichtige Grundlage für ermüdungsarmes Fahren im Anstieg ist der runde Tritt. Darunter versteht man, dass zu jeder Zeit der Pedalumdrehung eine möglichst gleich große Kraft vom Fuß auf die Achse ausgeübt wird. Dieser kontinuierliche Kraftfluss ist notwendig, da sonst Rad und Radler immer wieder neu beschleunigt werden müssen – und das kostet sehr viel mehr Kraft als das Halten der Geschwindigkeit. Je steiler es wird, desto wichtiger ist diese »souplesse« und desto deutlicher werden dann auch die Lücken im runden Tritt.

Trainieren kann man diese Fähigkeit durch das Treten kleiner Gänge bei hoher Frequenz auf den langen Strecken beim Ausdauertraining.

Die tägliche Aufeinanderfolge von Ausfahrten rückt die Regeneration in den Mittelpunkt des Interesses. Ausreichende Kalorien, Flüssigkeit und genügend Schlaf sind die Voraussetzungen für die geforderte schnelle Regeneration.

Bei dieser massiven muskulären Beanspruchung ist auch das **Stretching** unerlässlich: Je mehr sie leisten, je öfter sie kontrahieren, desto mehr müssen die Muskeln, die sich dadurch leicht verkürzen, wieder gedehnt werden. Mindestens zweimal am Tag 15 Minuten lang zu stretchen ist Garant für bessere Regeneration und ergibt größere Kraft und frischere Muskeln am nächsten Morgen.

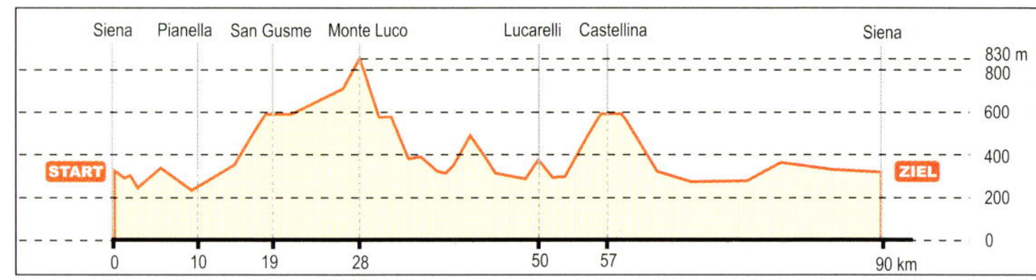

- **Gesamtlänge:**
  90 km
- **Streckencharakteristik:**
  Bergetappe
- **Trainingsformen:**
  Grundlagenausdauer
  Bergfahren
- **Einkehrmöglichkeiten:**
  Monte Luco, Castellina, Siena
- **Höhenmeter:**
  1500

Unser Ausgangspunkt der Tour ist **Siena,** die heimliche Hauptstadt der Toskana. Parkmöglichkeiten gibt es auf den bewachten Parkplätzen meist genug und ein Leitsystem führt den gestressten Autofahrer zu den jeweiligen freien Parkplätzen.

Wenn wir nun an der *Porta Camolilla* – dem westlichsten der acht alten Stadttore Sienas – vorbei den Schildern *Arezzo* nachfahren und uns dann nach einigen Kurven scharf links an das Schild *tutti le directione* halten, kommen wir an die großen Kreisverkehrssysteme, die wir solange nach Arezzo befahren, bis wir einen Kreisverkehr mit dem Richtungsanzeiger *Gaiole, Montevarchi* erreichen, dem wir nach links folgen. Unter der Eisenbahn hindurch steigt es gleich aus der Vorstadt Sienas einige Höhenmeter hinauf, bis wir übergangslos aus der Stadt in ländliches Gebiet kommen. Da kann es schon einmal passieren, dass einem auf der Straße Reiter entgegenkom-

Information

Siena, die heimliche Hauptstadt der Toskana, liegt von überallher gut sichtbar auf drei Hügelkuppen, den *terzi,* hoch über den umliegenden Gebieten.

Gegründet in etruskischer Vorzeit erlangte sie bereits im 12. Jahrhundert große Macht, indem sie dem Klerus reiche Silberminen in der Umgebung kriegerisch entriss. Münzprägung und Geldgeschäfte – hier wurde auch die erste Bank der Welt gegründet – waren fortan die Basis der sienesischen Macht, aber auch ihr Zankapfel. Über Jahrhunderte wogte der Kampf zwischen dem papsttreuen Florenz und dem kaisertreuen Siena. Nachdem die bür-

gerlichen Kaufleute 1287 die Macht übernahmen und Siena zur Hochblüte führten, beendete 1348 das Wüten der Pest, dem zwei Drittel der Einwohner zum Opfer fiel, diese Ära des Aufstiegs. 1555 eroberte schließlich Kaiser Karl V. mit dem florentiner Geschlecht der Medici im Gefolge die Stadt und markierte damit auch einen Stillstand in der Stadtentwicklung, der erst im 18. Jahrhundert mit dem Tod des letzten Medici überwunden wurde. Nach dem Fall von Siena wanderten 700 sienesische Familien nach Montalcino aus und konnten hier noch vier weitere Jahre ihre Unabhängigkeit gegen die Medici verteidigen.

men. Nach der Überquerung des Flusses *Arbia*, unmittelbar nach **Pianella**, lenken wir nach rechts, dem Schild *Castelnuovo Berardenga* folgend.

Ab hier beginnt der Anstieg und nach wenigen Kilometern erfolgt die Abzweigung nach links, nach *S. Gusmé*. Es mag hier gut rollen, da nach den Steigungen meist auch flachere Abschnitte kommen, wo man wieder Schwung holen kann. Das Gebiet ist teils dicht bewaldet, teils durchqueren wir Weinanbaugebiet. Nach 9 km

Zentrum der Stadt Siena, die in insgesamt 17 *contradas* (Stadtviertel) aufgeteilt und von einer vollständig erhaltenen Stadtmauer umgeben ist, ist der *Campo*, der zentrale, muschelförmige Platz im Herzen der Stadt. Auf dieser *piazza* mit dem sienaroten Ziegelpflaster im Fischgrätenmuster trifft sich ganz Siena, zusammen mit Tausenden von Touristen aus der ganzen Welt. Durch seine Wölbung nach unten bekommt er eine Dynamik, die einen reizvollen Gegensatz zur statischen Häuserzeile aus mittelalterlichen Palästen bietet. Die fließenden Linien des riesigen Areales scheinen sich in den *Palazzo Pubblico* zu ergießen. Darin ist ein weltberühmtes Museum eingerichtet, das *Museo Civico*. Daran wie angelehnt erscheint der 102 m hohe *Torre del Mangia*, der eine phantastische Aussicht über die Dächer der Stadt bietet.

Das gotische Juwel der Stadt und vielleicht auch ganz Italiens ist der *Dom Santa Maria Assunta*. Am höchsten Punkt Sienas um 1210 n. Chr. begonnen, glänzt er durch seine reich verzierte Marmorfassade im Zuckerbäckerstil. Mehrfach umgebaut, erweitert und in der Konkurrenz zu Florenz verschönert, wird er nach dem Zwischenspiel der Pest 1376 vollendet.

Im Inneren überragten die Marmorkanzel von *Nicola Pisano* und der Domboden aus marmornen Einlegearbeiten – geschaffen in 200 Jahren – all die vielen anderen Kunstwerke.

Zweimal im Jahr, am 2. Juli und am 16. August, wird in Siena mit einem großen Fest, dem *Palio,* das Pferderennen der *contradas* abgehalten. Mittelalterlich brutal – aus dieser Zeit stammt der Ritus – werden ungesattelte Pferde von ihren wilden Reitern (pro Stadtviertel ein Teilnehmer) unter dem Gebrüll der Massen dreimal durch die schmale Gasse der Rennbahn um den Campo gehetzt. Gekrönt wird diese wilde Jagd noch dadurch, dass die Reiter die Pferde des Gegners mit wilden Peitschenhieben traktieren dürfen. Ein Spektakel, das weder der WWF noch Brigitte Bardot, noch Frederico Fellini abschaffen konnten.

Siena ist eine Stadt zum Verlieben. Überschaubar und winkelig und doch mondän und weltoffen, präsentiert sie sich jedem, der Zeit und am besten auch ein bisschen Geld mitbringt – denn die Preise sind zum teil recht elitär.

Parken kann man vielerorts – ein cleveres Parkleitsystem führt den Touristen zu freien Kapazitäten. In der Stadt selbst herrscht Fahrverbot und selbst mit dem Fahrrad ist ein Vorwärtskommen in den engen Gassen wegen der vielen Menschen kaum möglich.

Trainingshinweis

Achtung:

Der *Monte Luco* ist mit seinen abschnittsweisen 16, 17 % Steigung und mit seiner Länge von 19 km ein echter Berg, den man nur als »drehzahlfester« Radfahrer unbeschadet bezwingen kann.

Anstieg überqueren wir die Straße aus *Castelnuovo Berardenga* (siehe Tour 4) in Richtung *Monte Luco.*

Ab hier wird die Steigung immer stärker und rund um den Ort **S. Gusmé** erinnern nur die südlichen Zypressen daran, dass man nicht irgendeinen Alpenpass bezwingt: Mehrere Abschnitte mit bis zu 16% sind zu überwinden. Danach wird es etwas moderater, die dicht bewaldeten Abschnitte geben guten Schatten und bei 780 Höhenmetern haben wir den Gipfel mit seinem hohen Fernsehturm erreicht, wo wir uns auch in der *Bar di Montania* stärken können.

Weil der **Monte Luco** der höchste Berg des ganzen *Chianti* ist, fängt er auch jedes Wetter ab, und es kann im Frühling oder Herbst oder wenn einmal eine Schlechtwetterfront durchzieht, leicht vorkommen, dass es hier schneit – also Regenschutz mitnehmen! Übrigens nimmt der *Giro d'Italia* immer wieder mal diesen *Monte Luco* unter die Räder – manchmal begleitet von dem Kommentar des Reporters: »... der *Monte Luco* war zu leicht, um das Peloton zu teilen...«, der uns nach dieser Anstrengung wahrscheinlich nur ein müdes Lächeln entringt.

Die Crete – ein Hügelparadies.

Wir fahren nun nach links in die Abfahrt Richtung *Gaiole* und sobald wir den dichten Wald hinter uns lassen, wird uns ein atemberaubendes Panorama über das Chiantigebiet für den Schweiß des Anstiegs entschädigen.

Wie jagende Falken flitzen wir durch die Weinberge, durch die alten Dörfchen Castanioli und Rietine hindurch und nach 10 km Abfahrt erreichen wir die Kreuzung mit der SS 408, wo wir erst 1 km nach links und dann gleich nach rechts in Richtung *Radda* abbiegen.

Wir fahren nun in einem sanft ansteigenden Tal direkt an die Weinberge heran, um diese dann in steilen Serpentinen zu erklimmen – am Gegenhang ist ein alter *palazzo* zu bewundern. Oben an der Kreuzung geht es dann ebenso steil bergab nach links, nach *Radda*. Nach 2 km, nach dem Ort La Villa, unmittelbar unterhalb der Anhöhe von *Radda*, fahren wir geradeaus nach *Greve*.

Es folgen nun lange Geraden bergab hinunter zum Talboden, begleitet von urigem Mischwald, dessen Stämme durchweg mit Efeu berankt sind. Nach einem 1 km langen Anstieg hinter dem Dörfchen **Lucarelli** treffen wir an der Kreuzung auf die SS 222, die wir nach links hinunter Richtung *Castellina* befahren.

Nun muss dieser letzte 5 km lange Anstieg heraus aus dem großen Talkessel bezwungen werden. Auf diesen 270 Höhenmetern weist die Straße, die mitten durch die Weinfelder führt, abschnittsweise bis zu 14 % Steigung auf.

In **Castellina** folgen wir dann den Schildern nach *Siena* und haben nun die rasante Abfahrt mit noch einmal dem grandiosen Panorama des Chianti vor uns. Am Stadtrand von *Siena* halten wir uns an die Schilder *Centro* und werden so wieder zu unserem Ausgangspunkt geführt.

Information

Die Silhouette von **Castellina in Chianti** ist leider geprägt von einer hässlichen Futtermittelfabrik. Dabei bietet dieses 580 m hoch gelegene Örtchen einen fantastischen Panoramablick über das Chianti.

Es war im Mittelalter als Grenzzone zwischen den rivalisierenden Städten Siena und Florenz heiß umkämpft: Burg und Stadtbefestigung in der *Via delle Volte*, in die die Wohnhäuser intergriert sind, zeugen von dieser Zeit. In der Fußgängerzone kann man Weine verkosten, Weinkeller besuchen und sich im *Colline Verde*, dem Informationsbüro im Zentrum, über touristische Details des Chiantigebietes informieren. Gegenüber der Stadt, unterhalb des *Monte Calvario*, befindet sich ein etruskisches Schachtgrab, das wie viele historische Bauten nach den vier Himmelsrichtungen ausgerichtet ist (Eintritt frei).

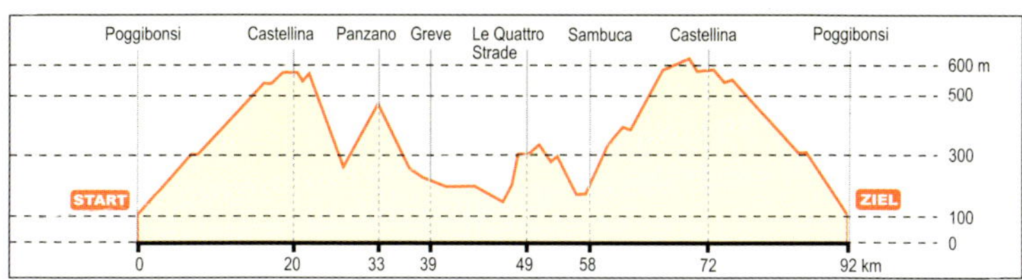

- **Gesamtlänge:**
  92 km
- **Streckencharakteristik:**
  4 starke Anstiege
- **Straßenzustand:**
  *außer einigen Kurvenradien
  hervorragend*
- **Trainingsformen:**
  *Grundlagenausdauer
  Bergfahren*
- **Einkehrmöglichkeiten:**
  *Castellina, Panzano, Greve,
  S. Donnato*
- **Höhenmeter:**
  1400

Poggibonsi, Startort der vorliegenden Tour, ist üblicherweise ein Ort, den Touristen ob seiner Betriebsamkeit und Hektik oder wegen seiner verkehrstechnischen Unübersichtlichkeit meiden.

Heute jedoch parken wir vielleicht in den Seitenstraßen der SS 2, die aus der Stadt heraus (siehe auch Tour 7) zum Autobahnzubringer und nach Tavernelle führt, und beginnen den wohl schönsten und sanftesten Anstieg des Chianti nach *Castellina*. Die Erbauer der Straße haben es nämlich geschafft, auf einem 18 km langen (!) Anstieg 540 Höhenmeter mit gleichmäßigen 3 % Steigung zu überwinden.

Zuerst lassen wir die Stadt unter und hinter uns, bevor wir dann in die hier beginnenden Weinberge der *colli sienesi* eintauchen. Hier zeigt sich das typische toskanische Panorama mit

den sanften Rundungen der Hügel, den exakt ausgerichteten Weinstöcken und den in Reihen stehenden Zypressenansammlungen, die Gehöfte signalisieren. Es ist die Welt des *gallo nero,* des schwarzen Hahns des Chianti. Bei der Auffahrt wird klar, wie hier der Weinbau betrieben wird: Sehr oft sehen wir die Schilder einer *fatoria,* einer Weinfabrik, mit entsprechend großen Gebäuden und auch Erträgen.

Weiter die sanfte Steigung nach oben kurbelnd, erleben wir den Wechsel der Vegetation von den Olivenhainen hin zur dichten Bewaldung aus Steineichen, Kiefern und der dichten duftenden Macchie, die uns aber immer wieder einen Blick in die Tiefe der Ebene erhaschen lässt. In den heißen Monaten geliebt, weil erfrischend schattig, ist es hier in den schon höher gelegenen Waldregionen oft deutlich kühler als in den Niederungen.

Alsbald haben wir diesen Anstieg hinter uns gebracht und es taucht unvermittelt **Castellina** vor uns auf. Direkt an der Kreuzung mit der Stoppstraße können wir uns am Brunnen zwischen den beiden Straßen – auf der linken Nachbarstraße werden wir am Ende dieser Tour ankommen – den Schweiß vom Gesicht waschen.

Wir wenden uns nach links in Richtung *Radda, Greve*. Nach der Überwindung einer Senke passieren wir geradeausfahrend die Abzweigung nach *Radda* und können nun die

Trainingshinweis

Die Kurven von *Castellina* hinunter zum Talboden Richtung *Panzano* sind teilweise mit sehr rauem bis holprigem Asphalt bedeckt, sodass man sie nicht gerade mit Höchstgeschwindigkeit befahren sollte.

Abfahrt durch die Weinberge genießen (siehe auch Tour 1).
Am Talboden und bei der Überquerung der Brücke heißt es Kräfte sammeln, denn unvermittelt folgt die nächste Steigung mit bis zu 10 % hinauf nach *Panzano*. Diese riesigen Talkessel vor und der hinter *Panzano* zählen sicher mit zu den schönsten Panoramen der Toskana. Wie riesige Suppenschüsseln, deren gleichmäßige Wände mit Wein bepflanzt sind, liegen diese in der Sonne und geben dem Wein seine Kraft. Die Abfahrt hinunter von *Panzano* nach *Greve* kann zur Sucht werden!
Nachdem wir uns vielleicht am Marktplatz von **Greve** gestärkt haben,

Information

Äußerst malerisch liegt **Panzano** auf einem Bergrücken – zwei Talkesseln begrenzend.
Es war im Mittelalter ebenso wie *Castellina* Schauplatz von kriegerischen Grenzstreitigkeiten.
Hier können Sie eine der schönsten Panoramen des ganzen Chianti genießen. *Panzano* war auch eines der ersten Dörfer, in denen sonnenhungrige Nordmenschen in den 1950er Jahren Wohnungen und Häuser erworben haben.
Leider ist diese Schönheit jetzt Ziel des Massentourismus geworden, der aus dem ruhigen Dörfchen eine hektische Souvenier- und Weinmeile gemacht hat.

fahren wir weiter talauswärts und zweigen, bevor die Straße wieder steil ansteigt, hinter dem Ort *Greti* links ab zum *Passo de Pecorai*.
Überraschenderweise waren hier zur Zeit der letzten Recherche seit einem Jahr Hinweisschilder angebracht, die die Durchfahrt für Fahrräder verbieten. Aber in Italien werden Beschilderungen nicht selten vergessen und sind daher häufig nicht mehr aktuell.
Auf dieser SP 33 durchfahren wir entlang des Flüsschens *Greve* den Ort *Passo de Pecorai* und fahren dann nach der Brücke dem Schild *San Casciano* folgend geradeaus.
Nun geht es hinauf, mit einem entsprechend steilen 2 km langen Anstieg, direkt in die Weinberge nach *Le Quattro Strade*. An dieser Viererkreuzung fahren wir leicht halblinks dem gelben Hinweisschild *Pieve San Stefano a Campoli* folgend.
Typisch für diese Weinberge sind die schmalen Sträßchen und extreme, bis zu 17% steile, aber oft nur 30, 40 Meter lange Anstiege. So direkt werden wir hier durch die Agrarlandschaft geführt, dass man meint, die Trauben während der Fahrt pflücken oder die silbernen Oliven ernten zu können. Durch den Kirchhof von *San Stefano* hindurch fahrend, halten wir uns an die Schilder *Tavernelle*, *Sambuca*, *Fabbrica* und kommen dann zum Talboden, der auch die *superstrada Firenze–Siena* aufnimmt, wo wir an der Stoppstraße nach links fahren (keine Beschilderung!).
Die unvermeidlichen Fabriken entlang dieses Hauptverkehrsweges und den Ort **Sambuca** hinter uns lassend, erfolgt nun der für heute letzte Anstieg, welcher uns in großen Stufen auf 16 km Länge nach oben führt. Vorbei am schön renovierten, mittelalterlichen Städtchen S. Donnato wird das Bild der Landschaft dann fast almartig und die Aussicht mit jedem erklommenen Höhenmeter grandioser. Nach der mit 630 Metern höchsten Erhebung oberhalb **Castellinas** tauchen wir unvermittelt hinunter in das Städtchen. Die Abfahrt nach **Poggibonsi** gibt es dann noch als Sahnehäubchen auf eine außergewöhnlich schöne Runde.

Eichenfässer in einem Weinkeller des Chianti.

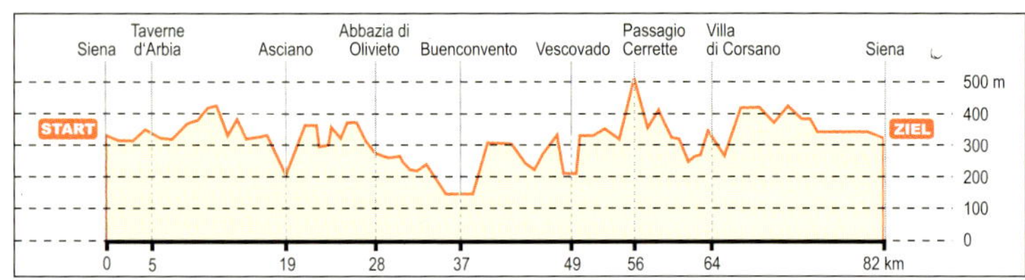

- **Gesamtlänge:**
  82 km
- **Streckencharakteristik:**
  stark hügelig
- **Straßenzustand:**
  hervorragend
- **Trainingsformen:**
  Grundlagenausdauer
  Bergfahren
- **Einkehrmöglichkeiten:**
  Asciano, M. Olivieto,
  Villa di Corsano
- **Höhenmeter:**
  1400

Wieder ist **Siena** unser Ausgangspunkt, wieder fahren wir immer in Richtung *Arezzo* aus der Stadt heraus (vgl. Tour 1), bis wir nach etwa 6 km an die Abzweigung rechts nach *Taverna d'Arbia* und *Asciano* kommen. Dort verlassen wir die Hauptstraße und durchqueren das unspektakuläre **Taverna d'Arbia.**
Unmittelbar nach dem Ort tauchen

wir ein in die *Crete,* der so typischen Region südlich von *Siena.* Für uns Radler bedeutet das Hügel, Hügel und noch einmal Hügel. Sie sind zwar nicht so steil und lang wie die Weinberge des *Chianti,* gehen aber durch ihre Anzahl und Abfolge ordentlich in die Beine.
Gleichzeitig muss man damit rechnen, dass einem ununterbrochen die Sonne auf den Kopf brennt, da die *Crete* so gut wie unbewaldet ist. Dafür kann man aber ob der sanften Rundungen der Hügel auch während der Anstrengung die Seele baumeln lassen, was sicher einen Teil des Erholungswertes ausmacht, den man der Toskana nachsagt.
Nach 24 km und einer kurzen Abfahrt kommen wir nach **Asciano,** wo wir direkt vor dem Ort hinter dem Flüsschen *Ombrone* nach rechts, nach *Monte Oliveto,* abbiegen. Nun warten wieder 4 km Steigung mit bis zu 12% auf uns, gefolgt von einem dauernden Auf und Ab mit diesen typischen

Information

Die Crete
ist eine sehr beeindruckende Landschaftsform südlich von Siena. Hier findet sich ein runder Hügel neben dem anderen und zwar unbewaldet, weil schon von den Römern abgeholzt, und fast unbewohnt.
Sandig und karg ist der Boden, der im Spätherbst und im Winter grau bis ockerfarbig wie eine Mondlandschaft erscheint, um dann im Früh-

ling einen zarten grünen Flaum von der Wintersaat zu bekommen. Im Sommer wogen die hellgelben Teppiche der Weizenfelder, die im Herbst dann den leuchtend gelben Sonnenblumen weichen.
Im Winter graben die durch die dann häufigen Regenfälle immer wieder neu anschwellenden Sturzbäche bizzarre Erosionsschluchten in den sandigen Boden.

3

»Weinbergsteigungen« bis zum Kloster.
Ab dem berühmten Kloster *Abbazia* *di Monte Olivieto,* das heute noch das Zentrum des Benediktinerordens ist, geht es hinunter in rasender

Information

Die **Abbazia di Monte Olivieto Maggiore** ist vor allem wegen ihrer Kreuzgänge und der darin befindlichen Renaissancefresken berühmt. Imposant liegt der vierstöckige Ziegelsteinbau auf einem mächtigen Felsen inmitten eines immergrünen Zypressenhains. Gegründet wurde das Kloster als Rückzugsort von *Giovanni Tolomei* 1313, der hier in der Einsamkeit ein gottgefälliges Leben führen wollte. Mehrmals sollen ihm Jesus und Maria erschienen sein, was dann immer mehr Gefolgsleute an diesen Ort band.

Der Kreuzgang im Zentrum des Klosters zeigt die berühmten Bilder der Maler *Il Sodoma* und *Luca Signorelli,* die Ende des 15. Jahrhundert diese Abbildungen aus dem Leben des Klostergründers malten.
Sehenswert sind auch das Refrektarium und die Bibliothek und hörenswert ist die tägliche Vesper um 18.30 h, wenn die Benediktiner die gregorianischen Gesänge intonieren (dafür muss man vorher beim Pförtner um Zutrittserlaubnis fragen). Öffnungszeiten:
Di–So 10–13, 14–17 h.

Information

Buonconvento hat schon bessere Tage gesehen, es war – der Stadtrepublik Siena vorgelagert – einst große Militärbastei und Poststation auf dem Weg in den Süden. Einer der Reisenden war Kaiser Heinrich der VII., der in Rom zwischen Kaiser- und Papsttreuen vermittelt sollte. Er infizierte sich mit Malaria und verließ *Buonconvento* erst im Sarg.

Interessant ist das mittelalterliche Zentrum, das von einer inzwischen wieder bewohnten Stadtmauer eingefriedet ist.

Fahrt nach **Buonconvento,** dem geschichtsträchtigen Ort an der Frankenstraße, der SS 2. An der Hauptstraße angekommen rollen wir einige Meter nach rechts, dann gleich wieder links, um das Städtchen entlang der Stadtmauer zu umfahren, bis wir an die Kreuzung nach *Bibbiano* kommen.

Dort geht es dann gleich eine scharfe, aber kurze Steigung hoch und an der nächsten Kreuzung biegen wir nach *Vescovado,* **Murlo** rechts ab. Sehr schön ist der nächste Abschnitt bis *Vescovado,* wo wir direkt zwischen den Hügeln der *Crete* versinken – aber auch wieder hinauffahren müssen. Nach dem Anstieg beim Städtchen *Vescovado,* lenken wir dann nach links in Richtung *Siena.* Nun ist noch ein kräftiger Anstieg mit 10% um fast 200 Höhenmeter auf den *Passagio Cerrete* zu bewältigen, bevor sich uns oben almartiges Gebiet erschließt. Nach der steilen Abfahrt kommen wir wieder in ruhigere Gefilde.

Lieblich ist die nun folgende Gegend zu nennen: Das Örtchen *Villa di Corsano* wird durchquert, wo man dann schon die Türme von *Siena* wie eine Fatamorgana halblinks auftauchen sieht. Direkt auf die Stadt zufahrend, passieren wir die letzte Anhöhe und fallen dann in die Vorstadt *Sienas* hinein, bis wir an der Kreuzung mit der SS 73 nach rechts Richtung **Siena** abbiegen.

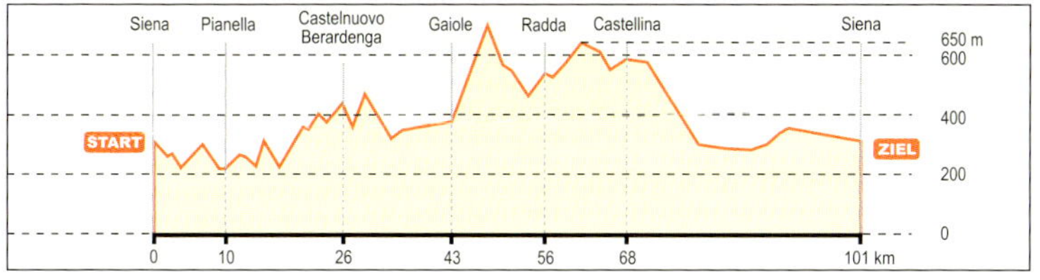

- **Gesamtlänge:**
  101 km
- **Streckencharakteristik:**
  stark hügelig
  mit einem langen Anstieg
- **Straßenzustand:**
  hervorragend
- **Trainingsformen:**
  Grundlagenausdauer
  Bergfahren
- **Einkehrmöglichkeiten:**
  Gaiole, Radda, Castellina
- **Höhenmeter:**
  1360

Wir beginnen unsere heutige Tour wie die Tour 1 in **Siena** und fahren am bekannten Kreisverkehr wieder nach *Montevarchi, Pianella*. Von dort biegen wir Richtung *Castelnuovo Berardenga* ab, bleiben dann aber auf dieser Straße und können auf den folgenden Abschnitten die Landschaft des Chianti genießen, bis wir etwa 10 km hinter **Pianella** nach links in Richtung *Castelnuovo* abbiegen. In mehreren großen Wellenbewegungen werden wir durch die Weinberge hinauf nach *Castelnuovo Berardenga* geführt und können dabei unsere Augen weit in die südlich anschließende *Crete* mit ihren unbewaldeten Hügeln schweifen lassen.

Das mittelalterliche Städtchen **Castelnuovo Berardenga** können wir entweder mitten durch das kleine Ortszentrum befahren (oder schieben), oder den Ort rechts umfahren, wobei wir uns immer Richtung *Gaiole* halten. Die Bewaldung wird dichter und nach einem kurzen Anstieg geht's steil hinunter bis zur Hauptstraße SS 408. Dort wenden wir uns nach rechts, wiederum Richtung *Gaiole*,

Information

»Siete del mondo del gallo nero« – »Sie befinden sich in der Welt des schwarzen Hahns« (gemeint ist die Welt des **Chianti classico)** prangt als Werbeaufschrift auf großen Plakaten überall im Chianti. Seit 600 Jahren wird hier der Wein angebaut und seit einigen Jahrzehnten auch streng überwacht. Sowohl seine 52 Hektoliter Hektarertrag als auch die Herstellungs- und Lagerungsbedingungen (er muss mindestens 2 Jahre gelagert werden) werden kontrolliert. Der Chianti besteht zu 70% aus der roten Traube der Sorte Sangiovese und zu 30% aus weißen Trauben der Sorten Trebbiano und Malavasia. Meist wird er fast großindustriell in *fattorias* hergestellt, aber immer mehr Winzer sagen dem bis zu zwanzigmaligen Gifteinsatz adé und produzieren lieber Bioweine in überschaubaren kleineren Einheiten.

Ein Fest fürs Auge und den Gaumen ist das Chianti allemal, romantisch und idyllisch lenkt es uns ab, wenn wir die steilen Anstiege aus den Talkesseln heraus überwinden.

und die Straße steigt nun langsam, einem Flusslauf folgend an, bis wir nach **Gaiole** kommen. Viele Vinotheken bieten hier stolz ihre Produkte aus der »*gallo nero*«–Region an – für uns könnte auch eine bloße Kostprobe zum Bumerang werden, denn der Weg bis *Siena* ist noch recht steil und lang.

Der nun folgende 7 km lange Anstieg ist sanft und führt uns an mehreren Burgen vorbei zur Kreuzung mit der SS 429, die wir nach links in Richtung *Radda* befahren. Die Ausblicke von dieser Kammstraße sowohl in Richtung *Siena* als auch nach Norden Richtung Florenz sind gewaltig. Riesige Talmulden tun sich vor unseren Blicken auf, wo an den sanften Hängen der Weinberge kleine Ansammlungen von Anwesen ruhen. In Reih und Glied, exakt ausgerichtet und wie gebürstet sind hier die Reben vielerorts aufgereiht, bereit zur ma-

Information

Gaiole ist ein kleiner verträumter Ort, umgeben von den Hügeln und Bergen des Chianti. Vom Massentourismus fast unberührt lebt man hauptsächlich vom Weinbau und von der Landwirtschaft. Alle 14 Tage Montags findet ein Markt für die lokalen ländlichen Produkte im historischen Zentrum statt. Besonders attraktiv sind die zahlreichen Burgen und Schlösser, die in der Umgebung besichtigt werden können.

Information

Das Städtchen **Radda** mit seiner mittelalterlichen Anmutung liegt hoch über den Tälern der *Arbia* und der *Pesa*. Es war sogar einmal (ab 1415) die Hauptstadt des Chianti und erhielt die höchste Gerichtsbarkeit. Trotz schwerer kriegsbedingter Zerstörungen in den Auseinandersetzungen zwischen *Siena* und Florenz im 16. Jahrhundert ist seine Bausubstanz fast zur Gänze erhalten geblieben. Imposant ist das Rathaus im mittelalterlichen Ortskern, der *Pallazzo del Podestá*, mit den Wappen der Familien, die früher hier regierten, an der Außenfassade.

Zu jeder Jahreszeit ist die Aussicht über das Chiantigebiet, etwa von der Stadtmauer aus, in alle Richtungen überwältigend.

schinellen Bearbeitung durch die Winzer. Daneben fahren wir durch silbrige Olivenhaine mit alten knorrigen Baumexemplaren.

Auf einer Art Burgberg liegt dann **Radda,** die Stadt mit der wohl schönsten Aussicht des Chianti.

Sie bietet sich nicht nur wegen ihrer Aussicht und dem Ambiente als Rastplatz an, sondern auch weil die größte Strecke des Tages hier schon geschafft ist.

Wie die Herren des Chianti kann man sich dann auf den nächsten 9 km bis *Castellina* fühlen: Hoch oben befahren wir diesen First des Hügelkammes, nach beiden Seiten liegt uns die grandiose Landschaft der Toskana zu Füßen. Ob dieser Aussicht können wir sogar übersehen, dass die vielen Auf und Ab´s und die insgesamt noch 100 Höhenmeter ganz schön in die Beine gehen. Ab *Castellina* können wir dann die wohlverdiente 25km lange Abfahrt genießen, bevor wir uns – immer in Richtung *centro* haltend – wieder in das urbane **Siena** stürzen.

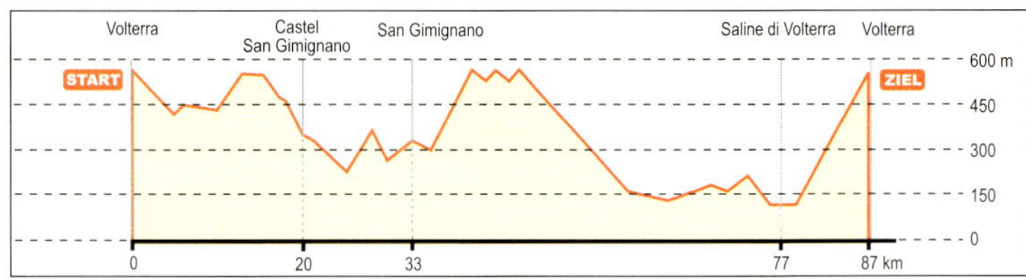

- **Gesamtlänge:**
  87 km
- **Streckencharakteristik:**
  hügelig
  mit einem extremen Anstieg
- **Straßenzustand:**
  hervorragend
- **Trainingsformen:**
  Grundlagenausdauer
  Bergtraining
  Kraftausdauer
- **Einkehrmöglichkeiten:**
  Volterra und San Gimignano
- **Höhenmeter:**
  1100

Wir beginnen unsere heutige Ausfahrt unterhalb der *Fortezza Medicea,* der von den Medici errichteten Burg *Volterras,* welche heute ein Gefängnis beherbergt, und verlassen **Volterra** in Richtung *Colle di Val d'Elsa.*
Gleich schießen wir steil hinunter durch enge Häuserschluchten und unter dem alten Viadukt hindurch, bis wir alsbald freies Gelände erreichen, wo uns trotz der vielen Kurven die phantastische Aussicht auf das hügelige Umland *Volterras* beeindruckt.

Trainingshinweis

Achtung:
Diese Tour kann genauso gut im Uhrzeigersinn gefahren werde. Sie eignet sich dann durch den 11 km langen sanften Anstieg bei Il Castagno besonders gut für Bergfahrtraining.

Nach 7 km beginnt ein autobahnähnlicher breiter Straßenabschnitt, der zwar den zu überwindenden Höhenunterschied von 150 Metern auch nicht ausbügeln kann, wohl aber die vielen Kurven.
Alsbald taucht links in der Ferne die Silhouette der Türme von *San Gimignano* auf und es bietet sich kurz ein einmaliger Ausblick: Im Vordergrund ein riesiger quadratischer Gefängniskomplex und dahinter die historischen Türme von *S. Gimignano.*
Nach der Ortschaft **Castel S. Gimignano** biegen wir scharf nach links in Richtung *S. Gimignano.* In zwei großen Wellen führt die Straße nun durch Olivenwälder in Richtung *S. Gimignano,* wir werden dabei oberhalb des Staatsgefängnisses vorbei geführt und können vielleicht die Insassen dieser *Penindetiaria* beim Fußballspielen beobachten.
Die anmutigen Hügellandschaften um *S. Gimignano* zählen sicher mit zu den schönsten Gegenden der Toskana: Die sanften Rundungen der Hügel sind bewachsen mit Ölbäumen oder Weinreben, Zypressen markieren die Einfahrten der herrschaftlichen Gehöfte.
Am Kreisverkehr vor **S. Gimignano** halten wir uns links an das Schild *Certaldo* und umfahren die Stadt entlang der Stadtmauer. Nach wenigen Kilometern zweigen wir nach links ab in Richtung *Gambassi.* Der folgende 5 km lange Anstieg mit 200 Höhenmetern und mit bis zu 12 % ist sehr

anstrengend, entschädigt aber durch das mit jedem Tritt grandioser werdende Panorama in Richtung Norden und zurück nach *S. Gimignano*. Oben angekommen können wir durch den Schatten spendenden dichten Mischwald aus Hainbuchen, Kastanien, Robinien und Eichen *Volterra* erspähen, das links eher einsam auf einem langgezogenen Bergrücken ruht und uns von nun an auf der ganzen Fahrt begleiten wird.

An der nächsten großen Kreuzung, 9 km nach Beginn des Anstiegs, halten wir uns nach links unten in Richtung *Volterra* und es beginnt nun eine 11 km lange Abfahrt.

Auf bestem Asphalt und mit weiten

Information

San Gimignano ist das wohl am besten erhalten gebliebene und mithilfe der UNESCO hervorragend renovierte mittelalterliche Städtchen der Toskana. Der Grund liegt in der frühen Vorherrschaft von Florenz über die Stadt, die ihr den zerstörerischen Zwist zwischen dem kaisertreuen Adel und den papsttreuen Bürgern erspart hat.

Wahrzeichen der Stadt sind die 15 unterschiedlich hohen Türmen, die eine unverwechselbare Silhouette ergeben und ihr den Beinamen »Manhattan der Toskana« eingebracht haben. Nur der Rathausturm mit 54 m durfte nicht überragt werden.

In diesen »Hochhäusern« wohnten damals die noblen Handelsgeschlechter der Stadt, aus Wehrzwecken und wohl auch aus Platzgründen, da die Stadtmauern die bewohnbare Fläche limitierten.

Am zentralen Platz, dem *Piazza della Cisterna*, der in den *Piazza del Duomo* übergeht, fühlt man sich wirklich ins Mittelalter zurück versetzt. Um die 1273 errichtete Zisterne in der Mitte des Platzes gruppieren sich mehrere Geschlechtertürme und mächtige mittelalterliche Bauwerke. Am *Piazza del Duomo* kann der Dom besichtigt werden, ein von außen eher unscheinbares Gebäude, das innen mit unzähligen sehenswerten Fresken der verschiedensten italienischen Meister bedeckt ist.

Daran grenzt der *Palazzo del Populo* an, erbaut ab 1288, und das *Palazzo* der florentiner Familie *Podesta*. An das Rathaus lehnt sich der höchste Turm, der *Torre grassa* an, den zu ersteigen es sich lohnt, denn gegen fürstlichen Eintritt bietet sich von hier oben eine überwältigende Aussicht über die Hügellandschaft. Gratis bekommt man ein schönes Panorama zu sehen, wenn man den Schildern zur *Rocca*, zur Festung *Montestaffoli* folgt und dort die Reste des alten Wehrturms besteigt. In den Sommermonaten tragen häufig Aufführungen klassischer Musik im angeschlossenen öffentlichen Park zur einmaligen historischen Atmosphäre bei.

Wenn man weiter durch die engen Gässchen Richtung Norden schlendert, trifft man auf das Augustinerkloster aus dem 13 Jahrhundert, das in seiner einfachen Kirche einen großartigen Freskenzyklus aus dem Jahre 1464 und einen sehenswerten Marmoraltar verbirgt.

Die Schönheiten von San Gimignano sind leider aber auch Ziel des Massentourismus geworden, Dutzende von Bussen spucken ununterbrochen Touristen aus aller Herren Länder aus. Erst wenn diese am Abend in ihre Hotels zurückgekarrt worden sind, erschließt sich für den Beobachter der stille Zauber dieser einmaligen Stadt.

Kurvenradien flitzen wir diese SP 15 hinunter, bis wir aus der bewaldeten Zone herauskommen und uns dann mitten in diesen archaisch anmutenden Rundungen, den Hügelformationen am Fuße des Berges von *Volterra,* befinden. Nach der Überquerung des Flüsschens *Era* lenken wir unsere Räder nach links, den Schildern *Pisa/Pontedera* folgend, und befahren ebene 9 Kilometer, bevor wir scharf nach links zurück in Richtung *Saline di Volterra* abbiegen.

Die nächsten 17 km bis nach *Saline di Volterra* sind landschaftlich pittoresk, weil sie uns sozusagen an die Füße dieser runden Hügelformationen führen – unmittelbar unterhalb von *Volterra.* Im Frühjahr scheint hier die Stadt einen riesigen welligen Teppich in unzähligen grünen Farbtönen ausgerollt zu haben, im Sommer weicht das Grün den Ocker- und Grautönen der umgepflügten Erdschollen und erinnert dann an eine ruhende Kamelherde.

Saline di Volterra ist ein alter Industrieort, wo unzählige in der Sonne verrostende Industrieanlagen daran erinnern, dass hier früher Salz abgebaut wurde. Hier biegen wir nun scharf nach links und beginnen den Anstieg hinauf nach *Volterra.*

Zuerst steigt die Straße aus der Stadt heraus sanft an und führt geradewegs auf das oberhalb thronende *Volterra* zu. Wir werden dabei wohl kaum einen Blick auf die Alabasterläden werfen können, da es auf insgesamt 450 Höhenmetern mit bis zu

10% Steigung und 13 Serpentinen schon deutlich zur Sache geht. Der Anstieg ist aber noch gut zu bewältigen – umso mehr, als uns oft ein Rückenwind vom Meer her die Kehren nach oben schiebt.

In **Volterra** angekommen können wir uns im Schatten der alten Stadtmauern von den Anstrengungen dieses Tages erholen.

Information

Alabaster ist weicher als Marmor und deshalb besser zu bearbeiten – allerdings ist er nicht witterungsbeständig. Wo früher noch hunderte Menschen aus Volterra und Umgebung ihre Arbeit mit dem Abbruch des Steines aus umliegenden Brüchen gefunden haben, sind diese Abbaustellen nun an einen deutschen Großkonzern verkauft, der diesen Stein für Baustoffteile verwendet. Heute kommt der Alabaster in großen Blöcken aus Spanien.

Die künstlerische Weiterverarbeitung gibt allerdings noch immer vielen Menschen Brot – ihre Kreationen, von Dekorations- und Einrichtungsgegenständen bis hin zu menschengroßen Kunstwerken, können in vielen Läden der Stadt besichtigt und erworben werden.

Auch die Werkstätten sind mancherorts zugänglich, in denen dann auch Kurse in der Verarbeitung dieses edlen Steins angeboten und durchgeführt werden.

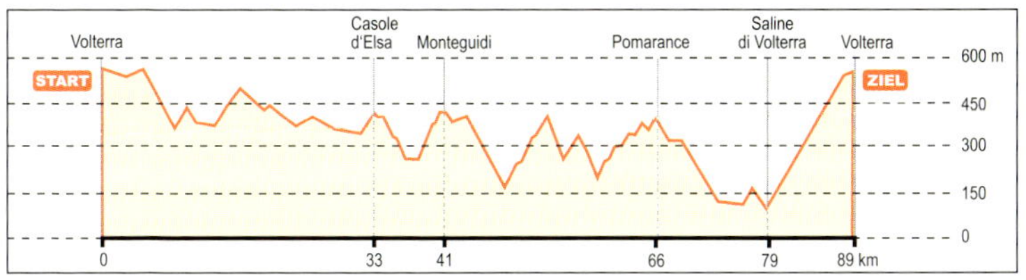

- **Gesamtlänge:**
  89 km
- **Streckencharakteristik:**
  *6 größere Anstiege
  davon zwei schwere*
- **Straßenzustand:**
  hervorragend
- **Trainingsformen:**
  *Grundlagenausdauer
  Bergfahren
  Kraftausdauer*
- **Einkehrmöglichkeiten:**
  *Pommerance, Cásole d'Elsa,
  Volterra, San Dálmacio*
- **Höhenmeter:**
  1600

Wie bei Tour 5 befahren wir von **Volterra** aus die SS 68 in Richtung *Colle di Val d'Elsa*, von der wir heute aber nach 13 km Richtung *Cásole d'Elsa* abbiegen. Auf unzähligen Kurven, auf beiden Straßenseiten begleitet von mediterraner Macchie, sausen wir auf rauem Asphalt nach unten und biegen nach 7 km bei der großen Fabrik nach rechts nach *Cásole d'Elsa* ab. Hinter dem Dörfchen *Il Merlo* steigt die Straße steil an und holt dann unmittelbar vor dem Burgberg des Städtchens **Cásole d'Elsa** noch einmal Schwung in einer Senke. An den Burgmauern vorbeifahrend biegen wir dann am Stoppschild scharf nach rechts in Richtung *Pomarance, Monteguidi.*
Weiter rollen wir in einer Kurvenorgie auf der SP 28 nach unten, uns an den Schildern nach *Radicóndoli* orientierend, bis gleich der unvermeidliche nächste von insgesamt sechs großen Anstiegen folgt.
Es herrscht Ruhe in diesem fast unbewohnten, eher kargen Landstrich, unterbrochen vielleicht nur vom Zwitschern der Vögel. Den Reiz dieser Landschaft macht die Abwechslung zwischen kultivierten Getreidefeldern und vielen dazwischen eingestreuten urigen Waldfetzen aus.
Nach 41 km, von *Volterra* aus gerechnet, biegen wir nach dann rechts unten, dem Schild *Monteguidi* folgend, und fahren nach einem weiteren Anstieg am Örtchen vorbei. Nun sausen wir steil nach unten zur Talsohle, wo wir das Flüsschen *Cécina* überqueren. 250 Höhenmeter beträgt der Anstieg am Gegenhang, mit bis zu 12% Steigung in den Kehren.
Aber auch die Abfahrten haben es in sich: Hinter dem Örtchen *Montecastelli* reihen sich die Kurven aneinander und führen steil nach unten in die Schlucht des Flüsschens *Pavone*, gefährlich eng und von Felsen gesäumt.
Dieser südwestliche Teil der Toskana mit den schroffen Abhängen, den ruppigen Anstiegen und der dichten Macchie ist viel uriger, rauer und unwirtlicher und erinnert kaum mehr an die romantischen Rundungen etwa des Chianti.
Hinter dem Dörfchen *San Dálmazio* könnten wir uns auf dem netten Dorfplatz eine verdiente Rast gönnen

Tour 6: Volterra–Cásole d'Elsa–Pomarance–Saline di Volterra–Volterra

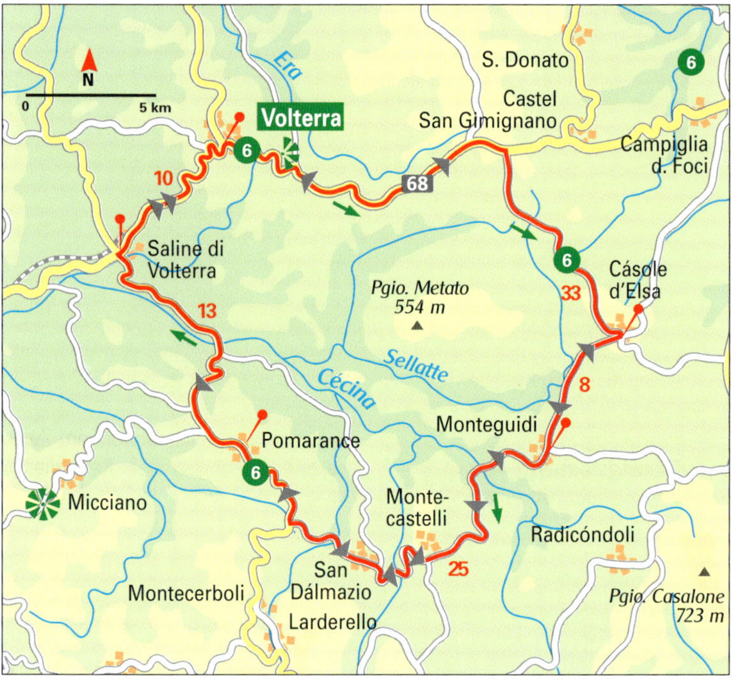

Weizenfelder unterhalb von Volterra.

6

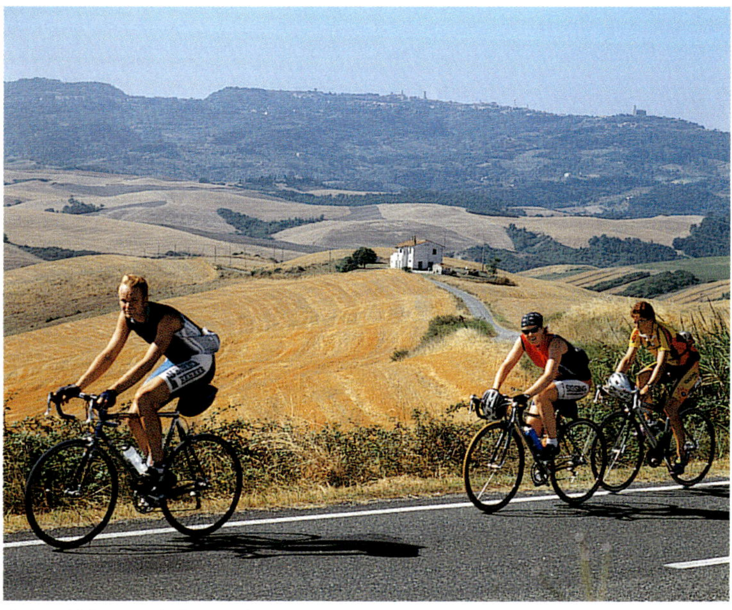

Information

Volterra ist eine uralte Stadt, die wohl schon seit dem 8. Jahrhundert vor Christus besteht. Damals lebte hier das Volk der Etrusker, die ihre Stadt *Velathri* nannten. Dank gut organisierter Landwirtschaft und Abbau der Erze des südlich angrenzenden Gebietes der *Colline Metallifere* soll die Stadt damals schon an die 50 000 Einwohner gezählt haben. Übrig geblieben ist aus dieser Zeit nur ein Stadttor, das *Porta all´ Arco,* und zahlreiche Funde, die im historischen Museum zu bewundern sind.

Unter den Römern wurde die Stadt komplett umgebaut und erhielt Thermen und ein Amphitheater, das noch gut erhalten zu besichtigen ist. Im Mittelalter war *Volterra* längere Zeit ein freier Stadtstaat, bevor die Medici das Geschehen blutig bestimmten und mit der riesigen Festung ihre Machtstellung auch massiv dokumentierten.

Volterra ist als Stadt eher schaurig als romantisch. Dazu tragen vor allem der martialische *Palazzo del Priori* am gleichnamigen Platz und der *Palazzo Pretorio* gegenüber bei. Beide geben dem *Piazza del Priorio* ein düsteres, mittelalterliches Aussehen.

Unbedingt sehenswert ist das etruskische Museum, das *Museo Etrusco Guernacci.* Leider ist es didaktisch nicht sehr gut aufbereitet. Auf mehreren Stockwerken werden Funde ausgestellt, insbesondere die etruskischen Graburnen mit den äußerst informativen, authentischen Abbildungen der Menschen dieser Zeit. Interessant sind auch die Funde der Vorläuferkultur der Etrusker, der Villanovakultur, die gleich beim Eingang vorgestellt werden.

Der Höhepunkt des Museums im 1. Stock hinter dickem Panzerglas ist sicher der »Abendschatten«, *Ombra della Sera,* eine 57 cm hohe künstlerisch gelängte Bronzestatuette. Der Bauer, der sie auf seinem Felde fand, benützte sie lange Zeit als Schürhaken!

Öffnungszeiten: Oktober-März 9−14h
Mitte März−Oktober 9−19h

und Kraft schöpfen, denn noch wartet der Anstieg wieder hinauf nach *Volterra* auf uns. Doch zuerst überqueren wir den Fluss *Cécina* und überwinden vier steile *tornanti,* bis wir, vorbei am geothermischen Kraftwerk gegenüber, auf die Hauptstraße nach *Pomarance* und nach 4 km auf die Stadt **Pomarance** selbst treffen.

8 km lang ist nun die rauschende Abfahrt zur Talsohle der *Cecina,* und nach einer leichten Gegensteigung erreichen wir **Saline di Volterra.**

Der krönende Abschluss dieser Tour ist die »Bergankunft« von **Volterra,** ein 10 km langer Anstieg mit 13 Serpentinen (siehe auch Tour 5).

Viel Spaß!

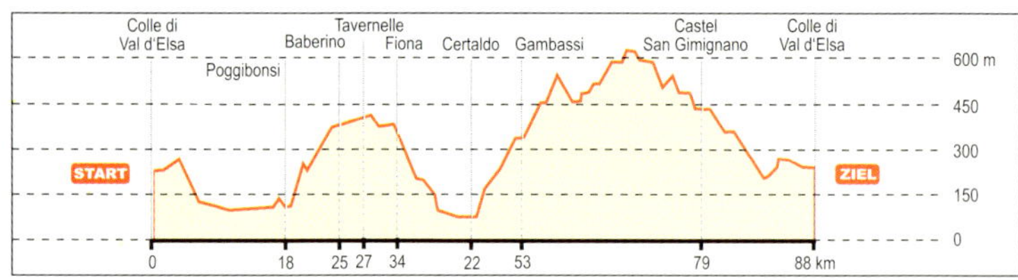

- **Gesamtlänge:**
  88 km
- **Streckencharakteristik:**
  stark hügelig
  mit zwei schweren Anstiegen
- **Straßenzustand:**
  außer bei einigen Hofdurch-
  fahrten
  hervorragend
- **Trainingsformen:**
  Grundlagenausdauer
  Bergfahren
- **Einkehrmöglichkeiten:**
  Barberino, Tavernelle, Certaldo,
  Colle di Val d'Elsa
- **Höhenmeter:**
  1200

Von der Oberstadt von **Colle di Val d'Elsa** – hier gibt es auch meistens genügend Parkplätze – fahren wir zuerst Richtung *Volterra,* bis wir nach wenigen Kilometern in *Le Grazie* nach rechts den Schildern *San Gimignano* folgen. In weiten Kurven durchqueren wir Weinberge, rollen an herrschaftlichen Gehöften vorbei und halten uns dann, an der Kreuzung in der Ebene, nach rechts Richtung **Poggibonsi.** Über eine breite Straße werden wir zwischen sanften Hügeln an die Stadt herangeführt, eine Straße, die den Besucherstrom nach *S. Gimignano* aufnehmen soll. Durch die industriereiche Vorstadt von *Poggibonsi* und dann in der Stadt selbst halten wir uns an die Schilder nach *Castellina in Chianti.* Kompliziert werden wir erst durch die Stadt geführt,

lassen dann die Abzweigung nach *Castellina in Chianti* rechts liegen (siehe auch Tour 2) und fahren weiter geradeaus.

Am großen Kreisverkehr des Autobahnzubringers folgen wir dem Schild *Barberino* und sehen dabei schon das, was uns hier erwartet: Eine schnurgerade Straße sticht steil den Weinberg hinauf. Diese schweißtreibenden 12% (zuerst durch den Ort *Cipressina*) sind nun in mehreren ansteigenden Wellen zu überwinden und nur das Panorama beidseits des Weges entschädigt uns leidlich. Mächtige Hügelzüge begleiten unseren Anstieg mit zypressengesäumten Einfahrten der dort ansässigen großen Weingüter mit ihrem weiten Rundblick über das Chianti und die *Colli Fiorentini.*

In *Barberino* ist dann vorerst die Hauptarbeit getan – die 300 Höhenmeter sind überwunden.

In **Tavernelle,** dem nächsten Ort, biegen wir nach links und lenken die Räder den Schildern *Marcialla* folgend.

Es folgt nun eine wunderschöne Panoramastraße, die SP 49, auf der dem faszinierten Radfahrer die Weinberge und silbrigen Olivenhaine zu Füßen liegen. Wir durchqueren die alten Örtchen *Marcialla* und *Fiano* und biegen dann am Ende von *Fiano* nach links in Richtung *Certaldo.* Jetzt fliegen wir in der Abfahrt nach unten, wobei wir den in die Straße hängenden Olivenzweigen ausweichen müssen, und einige Hofdurchfahrten sehr eng, steil

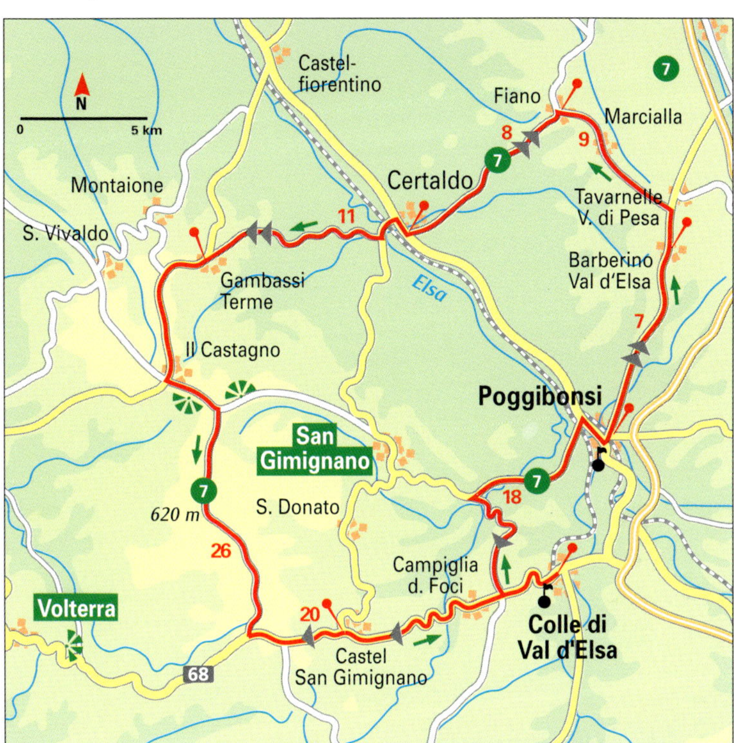

und noch dazu mit schlechtem Belag versehen sind.

Certaldo (bzw. seine Unterstadt) liegt dann wieder am Talboden im *Valle d'Elsa*. In mehreren Schleifen werden wir durch die Stadt geführt, wobei wir uns nach dem Schild *Gambassi Terme* richten.

Eine Bergziege möchte man sein, wenn nun auf der SP 64 der 12 km lange Anstieg hinauf zum Thermen- ort **Gambassi** in Angriff zu nehmen ist. Fünfhundert (!) Höhenmeter sind zu erklimmen, und nach der Durchfahrt durch *Gambassi*, wo wir den Richtungsweisern nach *Volterra* folgen, sind erst 250 davon bewältigt. Nach oben hinaus auf der SP 4 wird es aber immer sanfter und mit 620 Höhenmetern wird dann auch der höchste Punkt dieser Tour erreicht. Jetzt treffen wir in der Abfahrt alsbald

Information

Certaldo besteht aus zwei Teilen: Der modernen Unterstadt, welche der Verwaltung, dem Durchgangsverkehr und der Industrie dient, und der befestigt auf einem Hügel gelegenen mittelalterlichen Oberstadt mit dem dominanten Palazzo Pre- torio. Berühmt ist das obere Certaldo, dieses ganz aus roten Ziegelsteinen gebaute mittelalterliche Juwel, als Wohn- und Sterbeort von Giovanni Boccaccio (1313–1375), dem großen Humanisten und Verfasser des »Decamerone«.

Aufziehende Gewitterwolken heben die Durchschnittsgeschwindigkeit auf dem Rückweg.

Information

Auch **Colle di Val d´Elsa** besteht aus hektischer Unter- und historischer Oberstadt. In der sehenswerten Oberstadt zeugen mächtige Bau- werke wie etwa der Dom oder der Palazzo Campana und viele andere Mittelalter- oder Renaissancebauten von einstiger Größe.

auf die SP 15 (siehe auchTour 5), die wir vorerst in Richtung *S. Gimignano* befahren. Nach etwa 3 km biegen wir nach rechts ab Richtung *Volterra*. Nun steht uns noch ein mächtiger 5 km langer Anstieg bevor, der uns auf einen gewaltigen dicht bewalde- ten Bergrücken führt – hier waren früher einige der Alabastersteinbrü- che von *Volterra* – die Abfahrt ent- schädigt dann mit überwältigendem Panoramablick über die Hügelland- schaft vor *Volterra*.

An der breiten Hauptstraße fahren wir nun nach links Richtung *Colle di Val d´Elsa*. Durch *Castel San Gimignano* hindurch befahren wir diese SP 68, müssen dann noch eine Senke über- winden, aus der sich die Straße müh- sam in die nächste Ortschaft zu winden scheint, und erreichen dann nach einer langen, flachen Geraden unseren Ausgangspunkt **Colle di Val d´Elsa.**

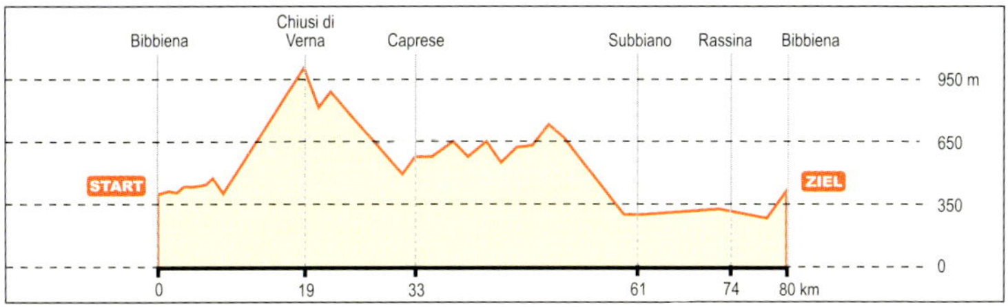

- **Gesamtlänge:**
  80 km
- **Streckencharakteristik:**
  zwei lange Anstiege
- **Straßenzustand:**
  hervorragend
- **Trainingsformen:**
  Grundlagenausdauer
  Bergfahren
  Kraftausdauer
- **Einkehrmöglichkeiten:**
  La Verna, Chiusi, Caprese,
  Subbiano, Bibbiena
- **Höhenmeter:**
  1250

Unmittelbar hinter dem historischen Stadtkern der Hügelstadt **Bibbiena** beginnen wir unsere Tour zum heiligen Berg der Toskana. Optimal werden wir aufgewärmt, da die ersten 6 km sanft ansteigendes Gelände bieten und wir gemütlich zum Mon-te Penne hingeführt werden. In der kurzen Abfahrt zum Fuße des Berges fahren wir immer geradeaus und beginnen hinter dem Fluss Corsalone mit viel Schwung die ersten Meter des Anstieges. Um die 6% und sehr gleichmäßig ist der Anstieg die 11 km hinauf auf den Berg – also vielleicht, je nach Fitness, schon etwas zum Rollen. Auch hier gilt, dass die Höhe um 1000 m schon recht wetteranfällig sein kann und man unbedingt auf die vier bis fünf Grad Temperaturunterschied zum Tal achten sollte.

Nach dem höchsten Punkt des Berges mit 990 Metern über dem Meeresspiegel fahren wir unmittelbar unter dem Kloster, das wie ein Schwalbennest an der Felswand klebt, in den Ort **Chiusi di Verna** hinein, wo wir nach rechts Richtung *Caprese* weiter durch den Ort sausen und dann am Ende gleich nach links, nach Caprese, abbiegen.

Information

Fährt man durch das Dorf *Chiusi di Verna* geradeaus hindurch, dann kommt nach etwa 400 m eine Abzweigung nach links hinauf zum Kloster **La Verna.** Noch 4 km sind dann durch dichten Wald in Serpentinen zu überwinden, bevor man vor den Toren des mächtigen Klosterensembles aus grauem, einfachem Stein steht.

Wie ein Schwalbennest klebt *La Verna* an der kahlen, steilen Felswand des *Monte Penna* – hier soll übrigens der Teufel versucht haben, *Franz von Assisi* von der Felswand zu stoßen. Der Adel schenkte ihm 1213 diesen Berg, den er dann ursprünglich als Einsiedelei benutzte. Wer eine Ader für Orte mit religiöser Bedeutung hat, sollte unbedingt die Kapelle besuchen, in der der später heilig gesprochene Franz von Assisi seine Wundmale bekommen haben soll.

Die folgenden drei Kilometer könnten – ob der alpinen Landschaftsform – auch in der Schweiz oder Österreich auf einer Alm liegen. Unvermittelt geht dann aus dem Wald heraus die bis dahin ebene Straße in die steile Abfahrt über. Ein gewaltiger, sehr regelmäßig geformter Talkessel tut sich vor unseren Augen auf, in dessen Zentrum Caprese liegt. Unwillkürlich kann man verstehen, dass genau hier ein Künstler wie Michelangelo geboren und aufgewachsen ist.

Im Ort **Caprese Michelangelo**, das wir nach einer kurzen steilen Gegensteigung erreichen, fahren wir rechts um die Kurve Richtung *Anghiari*. Nach 4 km Abfahrt biegen wir dann nach rechts hinauf Richtung *Subbiano*. Eine neue Straße nimmt uns auf, und indem wir uns immer an den Schildern nach *Subbiano* orientieren, werden wir durch waldreiches, einsamstes Berggebiet geführt. Nach einer Abfahrt müssen wir noch einmal 7 km Anstieg bezwingen, der aber stufenweise nach oben führt und daher bei durchschnittlich eher geringer Steigung gut zu befahren ist. An der Hinterseite der Alpe di Catenáia,

Information

In **Caprese Michelangelo** wurde der große Künstler in der Burg – heute ist es nur mehr eine Ruine – im Jahre 1475 geboren. Im Geburtshaus und im Museum sind die Kopien seiner größten Werke zu sehen, des weiteren wird hier auch sein Werdegang dargestellt. Wer etwas über den Künstler erfahren will, wird hier sehr gut bedient.

wo sich der gewaltige Blick in das Valdarno auftut, geht's steil und in Serpentinen bergab – ein reines Vergnügen bei bestem Straßenbelag. Unten an der Hauptstraße SS 71 angekommen biegen wir nach links zurück in den Ort **Subbiano** hinein, fahren über die Brücke über den Arno und dann nach rechts weiter flussaufwärts Richtung *Pieve, Tulliano,* Bibbiena.

Nach den Anstrengungen der Berge können wir nun die weitere Fahrt an der ruhigen Seite des Arnos genie-ßen, nach 7 km überqueren wir bei Rassina wieder den Fluss und beenden unsere Ausfahrt, indem wir die letzten 6 km auf der viel befahrenen Hauptstraße nach *Bibbiena* zurücklegen.

Halt, fast hätte ich's vergessen: Wir müssen noch hinauf auf den Hügel, auf dem **Bibbiena** liegt; die erste Auffahrt ist die steilste und kürzeste Art, diese 100 Höhenmeter zu überwinden, danach folgen noch zwei leichtere Möglichkeiten.

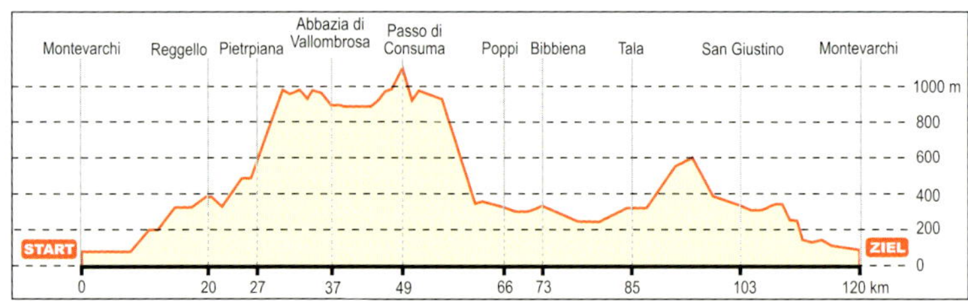

- **Gesamtlänge:**
  120 km
- **Streckencharakteristik:**
  mit einem leichten und einem alpinen Anstieg
- **Straßenzustand:**
  hervorragend
- **Trainingsformen:**
  *Grundlagenausdauer
  Bergfahren
  Kraftausdauer*
- **Einkehrmöglichkeiten:**
  Consuma, Tala
- **Höhenmeter:**
  1750

Auf den Parkplätzen der Einkaufszentren von **Montevarchi** können wir unsere große Runde auf den *Pratomagno* beginnen. Wir überqueren den Arno und lenken unsere Räder in Richtung *autostrada*. Auch entlang und unter der Eisenbahn hindurch kommen wir dann nach etwa 6 km zum großen Kreisverkehr, wo wir die Richtung nach *Castelfranco* einschlagen.

Stetig ansteigend, beschattet durch ein Wäldchen und vorbei an pittoresken Erdabbrüchen, werden wir an den mächtigen Gebirgszug herangeführt und erklimmen die ersten Höhenmeter hinauf nach *Castelfranco*. In der Ortschaft halten wir uns nach links, nach *Reggello,* und bleiben jetzt fast auf gleicher Höhe. Wir erfreuen uns an den vielen Kurven dieses hochplateauartigen Mittelgebirges und an der Aussicht, die sich bietet, während wir gemütlich durch terrassenförmig angelegte Olivenhaine rollen.

In **Reggello** halten wir uns an die Hinweisschilder nach *Vallombrosa* und biegen nach 2 km in *Pietrapiana* rechts hinauf nach **Vallombrosa** ab. Nun ist »Schluss mit lustig« – es beginnt der alpine Teil: Die Olivenhaine weichen den Föhrenwäldern, die Steigung wird stärker und pendelt sich dann bei schweißtreibenden 10 bis 12% ein. Die Aussicht über das *Chianti* und ins Arnotal ist grandios und nach 8 km haben wir den höchsten Punkt mit fast 1000 Meter über dem Meeresspiegel, und nach wenigen weiteren Kilometern auch den Klosterkomplex *Abbazia di Vallombrosa* erreicht. Hier oben herr-

Information

Die **Abbazia di Vallombrosa** des Benediktinerordens, die im Jahre 1028 – ähnlich wie La Verna – als Einsiedelei gegründet wurde, ist ein riesiger festungsartig ausgebauter Klosterkomplex, idyllisch mitten im Hochwald des *Pratomagno* gelegen. Innerhalb seiner mächtigen Mauern ist besonders die romanische Klosterkirche mit zahlreichen Fresken aus dem Leben des Ordensgründers interessant.

Information

Bibbiena (auch Ausgangspunkt der Tour 8) ist eine alte etruskische Hügelstadt mit einem ausgeprägten historischen Stadtkern, in dem es sich herrlich bummeln lässt.

Zentrum ist der *Piazza Tarlati* mit dem Glockenturm und der ältesten Kirche der Stadt, der *Chiesa San Ippolito* mit vielen alten Fresken und Skulpturen aus dem 12. Jahrhundert.

schen natürlich alpine Bedingungen, was das Wetter betrifft. So ist es meist 5-10 °C kühler als in den Tallagen und jedes Wetter zieht rasch und unvermittelt herauf – also sollten wir auf solche Eventualitäten vorbereitet sein.

Direkt unterhalb des Klosters biegen wir nun nach rechts in Richtung *Passo di Consuma* ab und erfreuen uns während der nun folgenden 12 km langen, leicht ansteigenden Waldpassage am Duft der Pilze, an den Bachläufen, und an den kurzen Aussichtsmöglichkeiten ins Tal hinunter. An der Hauptstraße, der SS 70, wenden wir uns nun nach rechts Richtung **Passo di Consuma** und 3 km später haben wir diesen grandiosen Aussichtspunkt und damit auch die für heute höchste Höhe mit 1050 m erreicht.

Nach einigen Gegensteigungen geht es von nun an in steilen Kurven bergab, eine hochalpine Passstraße verschwindet unter den Fahrradpneus. *Omomorto* heißt ein Weiler, beim Vorbeirasen erhascht – brutal steil geht's hier 10 km bergab. In der Ebene angekommen überqueren wir den *Arno,* fahren an der Hügelstadt *Poppi* vorbei und erreichen nach wenigen Kilometern **Bibbiena.**

Noch bis *Rassina* bleiben wir auf der Hauptstraße SS 71, überqueren hier den *Arno* und halten in uns Richtung *Tala.* Ein breites Tal, das sich dann immer mehr verengt, nimmt uns auf und bald ist **Tala** erreicht. Am kleinen Hauptplatz folgen wir einem Schild *Santa Bagnena* nach links und rollen dann gleich nach halb rechts Richtung *San Giustino.*

Gleich darauf beginnt ein mittlerer Anstieg, der uns entlang eines einsamen, waldreichen Bergückens immer höher führt. Bei etwa 600 Höhenmetern wird die insgesamt 8 km lange Steigung sanfter und geht dann jäh in eine rasante Abfahrt über, die an einem Stoppschild endet, wo wir nach rechts Richtung *San Guistino* abzweigen. Wie befinden uns nun wieder auf dem Mittelgebirge des *Pratomagno* mit lieblichen Olivenhainen auf einer scheinbar endlosen Ebene.

Nach 8 km auf gleicher Höhe biegen wir beim Schild *autostrada Firenze/ Montevarchi* nach links hinunter. Unvermittelt ist diese Hochebene dann zu Ende, und steil rollen wir die Höhenmeter hinunter in die Talebene. Im weiteren Verlauf der Straße halten wir uns immer an die Schilder **Montevarchi,** überqueren noch den *Arno* und beenden damit die Tour.

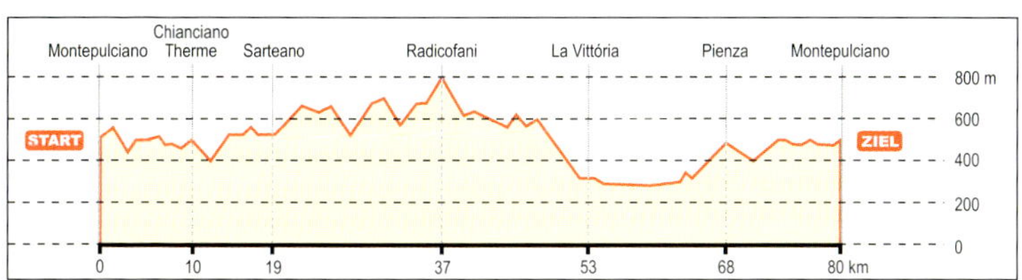

- **Gesamtlänge:**
  80 km
- **Streckencharakteristik:**
  stark hügelig
  ein mittelschwerer Anstieg
- **Straßenzustand:**
  hervorragend
- **Trainingsformen:**
  Grundlagenausdauer
  Bergfahren
  Kraftausdauer
- **Einkehrmöglichkeiten:**
  Radicofani, Pienza
- **Höhenmeter:**
  1400

Wir befahren von **Montepulciano** aus die SS 146 nach *Cianciano Therme*. Diesen riesigen, schon den Etruskern bekannten Kurort (heute 13 000 Hotelbetten!) hinter uns lassend, erfolgt nach einer kurzen Abfahrt der erste Anstieg mit bis zu 10 % Steigung. Die Landschaft wird ob der erreichten Höhe über dem Meeresspiegel frischer und almartiger. Bald ist **Sarteano** erreicht, wo wir nach links in Richtung *Radicofani* abzweigen und der nächste in Wellen verlaufende Anstieg erfolgt. Immer wieder kann man sich aber bei den dazwischen eingestreuten Abfahrten erholen, auch die Steigung

Information

Montepulciano ist wie viele andere toskanische Städte eine alte etruskische Hügelsiedlung (7. Jahrhundert v. Chr). Mit 600 Metern ist sie eine der höchstgelegenen Städte der Toskana, was ihr besonders in den heißen Sommermonaten immer eine frische Brise einträgt. Die auf dem Mons Politanus, einem steil abfallenden Bergrücken, erbaute Stadt hat noch eine Besonderheit zu bieten: Der Höhenunterschied zwischen Nord- und Südtor beträgt 140 Höhenmeter – entsprechend steil sind die Sträßchen und Gassen des mittelalterlichen, von einer mächtigen Stadtmauer umgebenen Stadtkerns.
Heute hauptsächlich Verwaltungs- und daher Beamtenstadt war *Montepulciano* im Mittelalter lange Zeit Spielball der großen Stadtrepubliken Florenz und Siena. Erst in der Spätrenaissance ab dem 16. Jahrhundert begann die Blütezeit mit der Errichtung zahlreicher Bauwerke im Renaissancestil.
Der *Piazza Grande* etwa, in der Oberstadt, ist eines der imposantesten, komplett erhaltenen Renaissance-Ensembles der Toskana. Der mächtige Dom mit dem berühmten Triptychon von *Taddeo di Bartolo* auf der einen Seite, der *Palazzo Comunale* mit dem Aussichtsturm, der *Palazzo Contucci* und der *Palazzo Taragui* auf den anderen Seiten begrenzen den beeindruckenden Stadtplatz.
Sehenswert ist noch der *Palazzo Ricci* mit dem historischen Weinkeller.

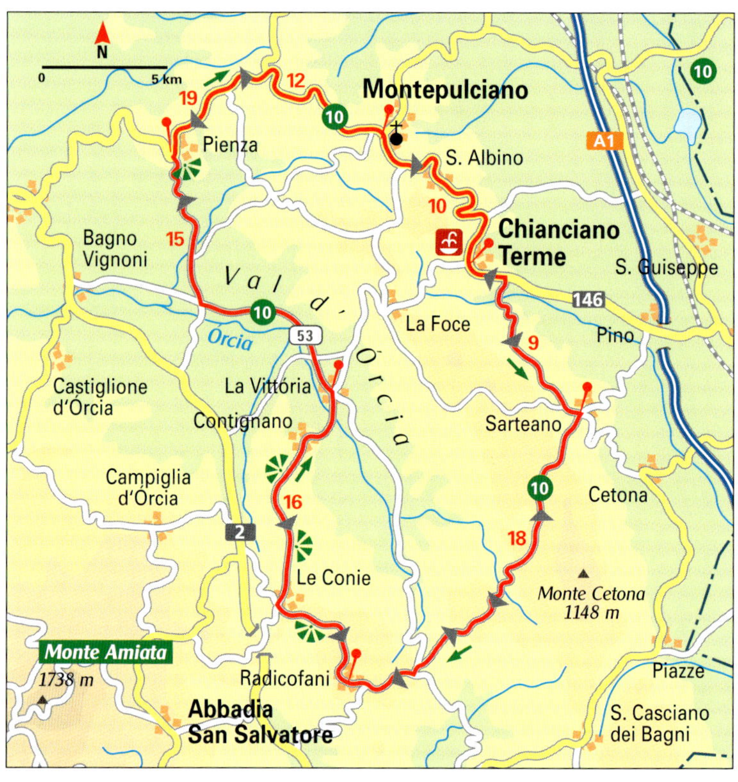

In den schmalen Gässchen, hier *chiassi* genannt, kann man noch Mosaikleger bei der Arbeit beobachten.

Außerhalb der Stadtmauern Richtung *Pienza* liegt die mächtige Wallfahrtskirche *San Bagio*. Der mächtige Renaissancebau besteht aus honigfarbenem Travertinstein und besitzt einen riesigen Kuppelturm. Berühmt ist *Montepulciano* aber auch durch seinen Wein, den *vino nobile*. Dieser Wein, der ursprünglich nur von Adeligen gekeltert werden durfte, wurde durch die genaue Festlegung der Rebsorten und der Verarbeitungsmethode zu einer konstanten Größe in der Weinlandschaft Italiens. Alljährlich Ende August wird dieser Wein mit dem Fest *Bravio della Botti* gefeiert. Die Stadtviertel suchen im Wettstreit den schnellsten Weinfässerroller – und zwar die 140 Höhenmeter hinauf!

ist durchweg moderat, sodass wir bald und nach relativ wenig Anstrengung den spitzen Basaltkegel mit dem Turm von *Radicofani* auftauchen sehen und nach insgesamt 19 km Steigung das Bergdorf erreichen. Schon einige Kilometer vor dem Dorf schiebt sich von gegenüber der mächtige Koloss des *Monte Amiata* bildfüllend in unser Blickfeld. **Radicofani** ist nicht nur wegen des historischen Robin Hood der Toskana, sondern auch wegen der Rastmöglichkeiten und wegen seines Berg-

Information

Radicofani war über lange Zeit wegen seiner strategischen Lage an der *Via Cassia*, der Frankenstraße, einer der wichtigsten befestigten Orte Italiens. Der viereckige Wachturm der Burg ist auch heute noch von vielen Orten der Toskana aus deutlich zu sehen.

Oberhalb des Ortes errichtete Papst Hadrian 1154 auf einem Basaltfelsen eine Burg, um die Umgebung zu kontrollieren. Im 13. Jahrhundert bewohnte der Raubritter *Ghino di Tacco* die Festung und soll von hier aus als eine Art Robin Hood der Toskana den Reichen genommen und den Armen gegeben haben. Er wurde von der Bevölkerung verehrt, Literaten wie *Dante* oder *Boccaccio* wurden durch ihn inspiriert und er durch sie verewigt.

Unterhalb des Ortes steht der *Palazzo La Posta*, früher Poststation und Zollhaus an der ehemaligen Grenze zwischen der Toskana und dem Kirchenstaat. Heute sich selbst überlassen war er einst Herberge für viele berühmte Zeitgenossen.

Das einsame Bergnest mit dem alpinen Charakter seiner schwarzgrauen Häuser – aus den Steinen der Umgebung gebaut – ist ein interessanter Flecken in der toskanischen Siedlungsvielfalt. Der Rundblick von der Burg aus ist umwerfend und reicht vom *Monte Amiata* über den Appennin im Norden bis hin zum Bolsena-See im Süden.

10

charakters einen Abstecher wert. Die nun folgenden 16 km Abfahrt erfolgen über eine Panoramastraße von atemberaubender Schönheit, die ihresgleichen sucht. Die Straße, zuerst breit und dann – nach der Abzweigung nach 6 km Richtung *Contignano*, der wir folgen – schmal, windet sich einen Bergkamm entlang. Über uns sind nur der Himmel und die Greifvögel und links und rechts beginnen Abhänge mit bizarren Erosionsabbrüchen. Hier oben herrschen die Schafe – das frische Gras und die viele Bewegung auf den steilen Hängen ergeben viel und gute Schafsmilch, aus der man dann wiederum den bekannten und von hier stammenden *Pecorino* käst.

Nach dem Ort *Contignano*, der in Serpentinen durchfahren wird, kommen wir wieder in die Ebene, überqueren den *Fiume Orcia*, und nach wenigen Kilometern erreichen wir den Weiler *La Vittoria*, wo wir die SP 53 nach links Richtung *Siena* befahren.

Wichtiger Hinweis

Die **Abfahrt von Radicofani** in die Ebene ist imposant, aber auch extrem windanfällig.

Der Sturm pfeift hier manchmal so sehr über die Bergkuppe, dass man das Rennrad mit ganzer Kraft bei den Lenkerhörnern packen muss und sich trotzdem kaum auf seiner Straßenseite halten kann.

Glücklicherweise gibt es hier oben kaum Autoverkehr.

10 km ist nun eine der seltenen Ebenen der Toskana im *Val d'Órcia* lang, wo wir die typischen Pinienalleen durcheilen, begleitet beidseits von anmutigen toskanischen Hügeln, auf denen fast immer entweder eine alte Ruine oder ein noch bewohntes Gehöft steht.

In der Ferne taucht dann schon *Pienza*, die »ideale Stadt« (siehe Tour 12), auf. An der Stoppkreuzung folgen wir dem Verkehrsschild **Pienza** nach rechts und rollen durch die fruchtbaren Weizenfelder den 4 km langen Anstieg hinauf in die Stadt.

Unser letzter Blick von oben zurück gilt vielleicht dem in der Ferne gerade noch sichtbaren Turm von *Radicofani*. Wir lenken unsere Räder um die bewohnte Stadtmauer herum und ordnen uns an der Hauptstraße SS 146 Richtung *Montepulciano* ein.

Auf den letzten 12 Kilometern können wir dann gleichmäßig durch das Auf und Ab der toskanischen Landschaft pedalieren.

Bald taucht das Ziel auf: Die langgestreckte Hügelstadt **Montepulciano** mit dem vorgelagerten Kuppelturm der eindrucksvollen Wallfahrtskirche *San Biagio*.

Typisch toskanische Riesenpinie.

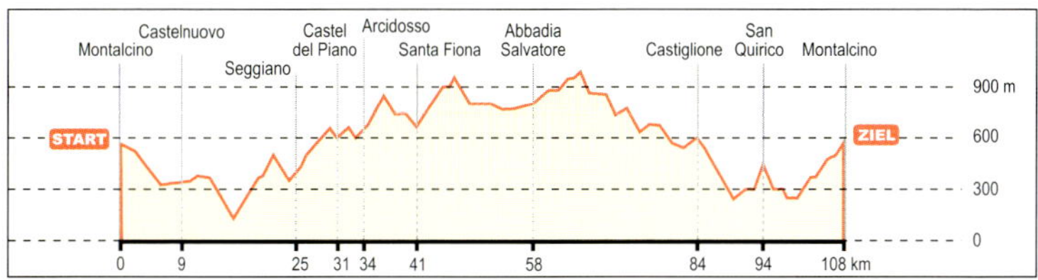

- **Gesamtlänge:**
  108 km
- **Streckencharakteristik:**
  extrem hügelig
  ein mittlerer Anstieg
- **Straßenzustand:**
  Abfahrt von Montalcino
  schlechter Belag
  sonst hervorragend
- **Trainingsformen:**
  Grundlagenausdauer
  Bergfahren
  Kraftausdauer
- **Einkehrmöglichkeiten:**
  Arcidosso, Castel del Piano,
  S. Fiora, Abbadia S. Salvatore
  Montalcino
- **Höhenmeter:**
  2000

Noch dürfen wir ihn nicht kosten, den Wein der Weine, den *Brunello* – er würde uns weiche Knie bescheren. Das Herkunftsgebiet dieses Weines mit dem Nobelweinort **Montalcino** ist bei dieser Tour Ausgangspunkt, wenn wir am oberen Ende der Stadt dem Schild *Castelnuovo del Abbate* folgen.

Aber nun haben wir ihn genau vor uns, den *Monte Amiata* – von den Einheimischen einfach: *Le Montagna*, »der Berg« genannt – bildfüllend baut sich der ehemalige Vulkan vor uns auf. Bei teilweiser schlechter Straße preschen wir abwärts bis nach *Castelnuovo del Abbate* und der Abzweigung nach *San Antimo*. Wir fahren geradeaus, die vielen Kurven

der Abfahrt hinunter und überqueren den *Fiume Órcia*.

Am Gegenhang steigen wir dann um schweißtreibende 400 Höhenmeter wieder hinauf, die aber, weil gleichmäßig und nicht zu steil, gut zu befahren sind. Besonders die letzten drei Kilometer dieses Anstiegs sind bei besten Straßenverhältnissen und leichten 5% Steigung fast schon wieder ein Vergnügen. Gleichzeitig lässt uns die herrliche Aussicht auf die einsamen, dicht bewaldeten Hänge der umliegenden Berge unsere Anstrengung vergessen. Nach einer 3 km langen Abfahrt in eine wilde Schlucht unterhalb des Burgberges von *Seggiano* folgt der nächste Anstieg, der uns zuerst gleichmäßig und dann mit mehreren Zwischenabfahrten in großen Wellen zuerst nach *Castel del Piano* und dann in die Stadt **Arcidosso** führt.

Die Wälder in diesem Teil der Toskana geben der Landschaft ein ganz eigenes Aussehen: Buchen und Kastanien prägen das Bild, die im Herbst

Wichtiger Hinweis

Obwohl diese Tour mit 2000 die **meisten Höhenmeter** aller vorgestellten Etappen aufweist, scheint hier nur die Länge ein Kriterium zu sein: Alle Anstiege sind eher sanft und mit Möglichkeiten der Erholung zwischendurch, sodass am Ende diese Höhenmeteranzahl beinahe überraschend zu Stande kommt.

ihre Früchte auf die Straße werfen und oft einen Teppich aus zerquetschten Edelkastanien auf der Straße bilden.

Aus *Arcidosso* heraus führt uns das Schild *S. Fiora*, und nun sind steile 150 Höhenmeter bis zum vorläufig höchsten Punkt mit 815 m über dem Meeresspiegel zu überwinden. Oben Atem holend müssen wir gleich nach links in Richtung *Santa Fiora* abzweigen, das wir nach 4 km Abfahrt errei-

Information

San Antimo

1 Kilometer von der Abzweigung entfernt steht dieser beeindruckende Sakralbau aus cremefarbenem *Travertin*, der als eine der bedeutendsten romanischen Kirchen Italiens gilt. Im 10. bis 12. Jahrhundert sehr machtvoll ist diese im 8. Jahrhundert gegründete Benediktinerabtei erst vor 30 Jahren durch fünf Prämonstratensermönche wieder neu zum Leben erweckt worden. Mehrmals am Tag beten die Mönche in der Kirche und intonieren gregorianische Choräle.

chen. Nach dem Duft der Mischwälder steigt uns jetzt ein anderer Geruch in die Nase: der von Schwefel. Der ehemalige Vulkan bringt hier und an vielen anderen Orten sein schwefeliges Wasser an die Oberfläche. Bei angenehmer Steigung von 3 bis 4% erreichen wir dann eine schon fast alpine Höhe von 830 m, wo der Wald immer dominanter und dichter wird und die Wirtschaft aus Holzfällung und -verarbeitung besteht.

Auf der folgenden Abfahrt folgen wir den Schildern *Abbadia San Salvatore*. Seit *S. Fiora* ist die Aussicht grandios, der gegenüberliegende Bergstock mit *Radicofani* am Gipfel liegt jenseits des Taleinschnittes des *Fiume Páglia*. Etwa 700 Meter über dem Talboden rollen wir weiter. Nach 10 km ist die Arbeiterstadt **Abbadia San Salvatore** erreicht.

5 km hinter der Stadt zweigen wir nach links ab in Richtung *Castiglione d'Órcia* und *Campiglia d'Órcia*. Sanft ansteigend kurbeln wir durch Laubwald und erreichen bald die auf dieser Tour mit 942 Höhenmeter höchste Stelle.

In *Campiglia d'Órcia* wenden wir uns nach links in Richtung *Castiglione d'Órcia,* das wir nach der Überquerung eines malerischen Bergrückens erreichen. Vor uns ausgebreitet liegt nun die Talsenke der *Órcia* und wie aufgefädelt liegen die Städte *San Quirico* und *Pienza* an der gegenüberliegenden Kante des Talkessels. Hinunter ins Tal zu schießen ist nun leicht und vergnüglich, doch wir wissen um die toskanischen Eigenheit, dass unvermeidlich auf jede Abfahrt sogleich ein Anstieg erfolgt – und so ist es auch hier: Nachdem wir auf die SS 2 in Richtung *Siena* nach links eingebogen sind – vielleicht noch beim *Bagno Vignoni* vorbeigeschaut haben – ist der Anstieg nach **San Quirico** zu bewältigen. Wir bleiben auf der SS 2, lassen *San Quirico* links liegen und rauschen trotz der unan-

Information

Bagno Vignoni ist ähnlich wie *San Fillippo* (ca. 10 Kilometer nördlich von *Abbadia San Salvatore)* oder das *San Casciano del Bagni* (16 km südlich von *Radicofani)* eines jener kleinen Thermalbäder, die schon von Etruskern und Römern benutzt wurden. Eines der Thermalbecken bildet hier den malerischen Dorf-platz, der als Teil der Filmkulisse von Tarkowskys »Nostalgia« Berühmtheit erlangt hat.

In *Bagni San Fillippo* gibt es eine natürliche, frei zugängliche Quellfassung aus weißen Sinterablagerungen, die *Fosso Bianco,* in der sich das 40 °C warme Wasser fängt.

genehmen Querrillen der Brückenkonstruktion nach unten bis zur Abzweigung nach links, nach *Montalcino.* Der letzte Anstieg dieser Tour führt uns zuerst flach und dann bei bestem Asphalt und etwa 6% Steigung in die Weinberge des *Brunello,* nach **Montalcino,** das wir nach etwa 8 km erreichen.

Und jetzt dürfen wir in den zahlreichen Enotheken oder Cafés den *Brunello* kosten – Salute!

Information

Montalcino thront festungsbewehrt auf 560 Meter über NN über den kargen Hügeln der *Crete.* Diese Wehrstadt war im 16. Jahrhundert letztes demokratisches Bollwerk der Sienesen gegen die absolutistischen Medici. Heute ist *Montalcino,* das als Ganzes ein mittelalterliches Juwel darstellt, bekannt durch die Kelterung des *Brunello,* der von Weinkennern als der König der Weine bezeichnet wird.

Streng sind die Auflagen der Weinherstellung, vier Jahre lang dauert die Lagerung in riesigen Eichenfässern, hoch sind die Preise dieses vollmundigen Weines: Ab etwa 11 Euro aufwärts ist man dabei – Raritäten einzelner Jahrgänge werden aber auch mit bis zu 1500 Euro gehandelt.

Man sollte aber nicht versäumen, den *Brunello* an seinem Entstehungsort zu kosten oder eine Führung in einem der zahlreichen Weinkeller zu besuchen (Informationen: *Pro Loco,* gegenüber dem Rathaus).

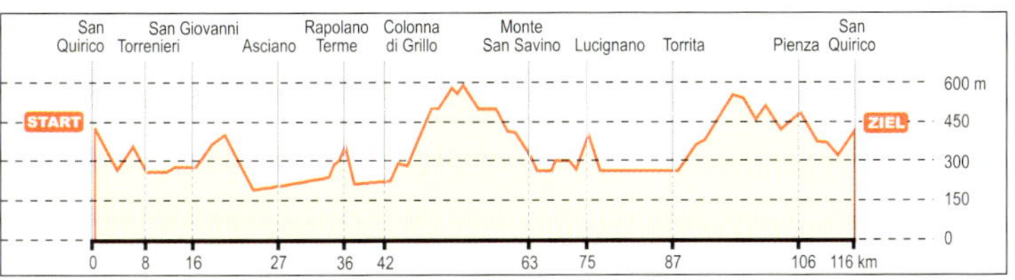

Tour 12: San Quirico d'Òrcia–Asciano–Monte San Savino–Pienza–San Quirico d'Òrcia

- **Gesamtlänge:**
  116 km
- **Streckencharakteristik:**
  extrem hügelig
- **Straßenzustand:**
  hervorragend
- **Trainingsformen:**
  Grundlagenausdauer
  Intervalltraining
  Kraftausdauer
- **Einkehrmöglichkeiten:**
  Asciano, Rapolano Terme,
  Monte S. Savino, Pienza,
  San Quirico d'Òrcia
- **Höhenmeter:**
  1550

San Quirico d'Órcia, der mittelalterliche Ort hoch oben über dem Tal der *Órcia* an der historischen *Via Cassia*, ist Startort für die folgende Tour. Zuerst können wir die Räder rollen lassen, wenn wir von der Hauptstraße weg auf der SP 14 den Schildern *Siena* und gleich darauf *Torrenieri* folgen. Wieder nimmt uns die Landschaft der *Crete* auf und nach der Abfahrt muss gleich im Gegenzug eine 1,5 km lange Steigung erklommen werden, bevor wir nach *Torrenieri* hinunter sausen. Im Ort wenden wir uns nach rechts, nach *San Giovanni d'Asso*. Ein liebliches 10 km langes und ebenes(!) Tal nimmt uns

12

Tour 12: San Quirico d'Òrcia–Asciano–Monte San Savino–Pienza–San Quirico d'Òrcia

Information

Rapolano Terme ist ein eher unscheinbarer Kurort, dessen Heilquelle schon von den Etruskern genützt wurde. Als erste schriftliche Erwähnung fand man eine Badeordnung aus dem Jahre 1292, die schon damals die Regeln des gemeinsamen Badens von Männern und Frauen zum Gegenstand hatte. Der Ort ist auch berühmt für seinen Travertin-Abbau. Viele sakrale und öffentliche Gebäude wurden und werden aus diesem leicht gelblichen und gut zu verarbeitenden Stein errichtet oder damit wie ein Schmuckkästchen verkleidet.

auf, begleitet von den für die Toskana so typischen Silhouetten der Zypressenreihen am Kamm des Hügelzuges. Die bebauten Felder leuchten – je nach Jahreszeit und Fruchtfolge.

Information

Pienza, Modellstadt der Renaissance.

Es war einmal ein unscheinbares Dorf namens *Corsignano,* das von einfachem Weinbau und der Verarbeitung der Schafsmilch zu Käse lebte. Der Schicksalstag für diesen Ort war der 18. Oktober 1405, als hier *Enea Silvio Piccolomini,* als Sohn eines Gutsbesitzers geboren wurde. Er wurde sehr reich und brachte es schließlich bis zum Papst. Als Pius II. aus Rom in sein Geburtsstädtchen zurückkehrte, beschloss er, hier die Ideale des Humanismus architektonisch zu verewigen.

Er beauftragte 1458 den berühmten Architekten *Il Rosselino* damit, der in nur drei Jahren eine neue »Reißbrettstadt« aus den Mitteln des Kirchenstaates aus dem Boden stampfte. 1462 gab er der Stadt den Namen *Pienza,* abgeleitet von Pius, doch schon zwei Jahre später starben er und der Architekt, sodass vieles unvollendet blieb

Zentrum ist der für die pompösen Gebäude etwas zu klein geratene trapezförmige *Piazza Pio II.*

Hier steht der Dom, der sowohl Renaissanceelemente als auch gotische Züge aufweist. Eine Wasserader unterhalb des Chores senkt den Bau seit 500 Jahren kontinuierlich ab – viel Arbeit für die Restaurateure. Der *Pallazzo Piccolomini* mit seinen drei Geschossen ist vor allem wegen seiner Gartenarchitektur interessant, die die humanistischen Vorstellungen von der Symbiose von Gebäude und Natur umsetzt.

Von den luftigen Loggien und dem Garten hat man einen atemberaubenden Blick über das Tal der *Orcia* und den *Monte Amiata,* bis hin zum Turm von *Radicofani.*

Neben den historischen Sehenswürdigkeiten der Stadt ist noch die Vielfalt des Peccorinokäses zu erwähnen, der in dieser Region seinen Ursprung hat. Alljährlich am ersten Sonntag im September wird die *Fiera del Cacio,* das Käsefest, gefeiert, an dem alle Geschmacksnuancen der einzelnen Produzenten auf der *Piazza del Pio* ausprobiert und gekauft werden können.

Wir halten uns Richtung *Asciano* und erklimmen die Anhöhe von *San Giovanni d'Asso* und den darauf folgenden Anstieg. Die Hügelzüge der *Crete* schenken wunderschöne, fast magische Einblicke in die »Lehmhügel«, die je nach Saison sich grau, weil abgeerntet, grün, weil mit frischem Getreide bewachsen oder dann Ockerfarben, weil umgepflügt, präsentieren.

Am höchsten Punkt, wo wir uns rechts nach *Asciano* halten, liegt die *Crete* vor uns ausgebreitet und wir sausen abwärts, bis wir **Asciano** erreichen. Weiter geht es leicht auf und ab immer in Richtung *Rapolano Terme,* begleitet von interessanten Ausblicke auf die erodierten cretischen Landschaftsformen. Ab dem Thermenort müssen wir für 7 Km die *superstrada* in Richtung *Siena* befahren, zur Zeit der Recherche wurde gerade eine weitere Spur gebaut – vielleicht denken die Erbauer ja auch an einen Radweg.

Wir zweigen nach rechts ab, Richtung *Bucine,* und beginnen dann den An-

Information

Wer ein typisches, gemütliches mittelalterliches Städtchen der Toskana genießen will, kann sich nach **San Quirico d'Órcia** begeben.
Durch eines der mächtigen Stadttore betritt der Besucher den historischen Ort, der geschützt durch die Stadtmauern im Inneren eine große Ruhe ausstrahlt und etwas abseits des Touristenstromes zu liegen scheint.
Die Kollegiatskirche aus dem 12. Jahrhundert, der *Pallazzo Chigi* und die *Horti Leoni,* eine große Gartenanlage aus dem 16. Jahrhundert, können hier besichtigt werden.

stieg hinauf nach *Monte San Savino.* Die sanfte Steigung um die 5 % und die vielen Kurven lassen auch die Motorradfahrer diese Strecke als Trainingsstrecke wählen. Je höher man steigt, desto mehr nimmt die Bewaldung zu (wir fahren hier sozusagen aus der *Crete* heraus) und desto weiter kann man blicken: Im Süden etwa taucht der mächtige Kegel des *Monte Amiata* auf. Nachdem wir die 600 Höhenmeter erklommen haben geht es rückseitig steil bergab, bis wir das Städtchen **Monte San Savino** erreichen. Wir umfahren dieses und unmittelbar unterhalb biegen wir spitzwinkelig nach rechts unten zurück, in Richtung *Lucignano.*

Das *Valdichiana* nimmt uns nun auf, jene fruchtbare Ebene, die in der Geschichte immer wieder versumpfte (und als Pestsumpf bezeichnet wurde) und die dann durch Kanäle trocken gelegt werden konnte. Wir sollten uns in der Ebene etwas ausruhen, denn auch *Lucignano* liegt wieder 120 Höhenmeter über dem Tal und muss über eine Steigung von bis zu 10% erklommen werden. Direkt auf der Anhöhe zweigen wir nach links ab, fahren auf das Städtchen zu und umfahren es entlang der alten Stadtmauer, uns dabei an die Hinweisschilder *Sinalunga* haltend.
13 km rollen wir dann in der Ebene des *Valdichiana* dahin, bis wir, nach

Sinalunga kommend, die *superstrada* unterqueren und weiter nach rechts in Richtung *Chiusi* fahren.
Hinter der Stadt *Torrita* verlassen wir das *Valdichiana* und klettern hinauf in die Hügel der *Crete.* Gesäumt wird die Straße bis zum Zielort immer wieder von kleinen bis riesigen Handwerksbetrieben, die direkt aus der roten Erde der Umgebung von einfachen Tontöpfen und Blumenvasen bis hin zu detailliert gestalteten Kunstwerken vielerlei Produkte herstellen. Das Schild *Pienza* zeigt uns den Weg. Unmittelbar hinter *Torrita* ändert sich am 7 km langen Anstieg die Landschaft: Die *Crete* mit ihren lieblichen Rundungen hat uns wieder und Landschaften von biblischer Schönheit tun sich vor unseren Augen auf.
An der Kreuzung mit der SS 146 fahren wir nach rechts Richtung *San Quirico* und können nun das toskanische Hügelspiel genießen: Jede Ortschaft liegt auf einer Anhöhe und jeweils etwa 50 Höhenmeter mit bis zu 10% Steigung müssen immer wieder überwunden werden.
Wir passieren so **Pienza** und erreichen schließlich unseren Ausgangsort **San Quirico d'Órcia.**

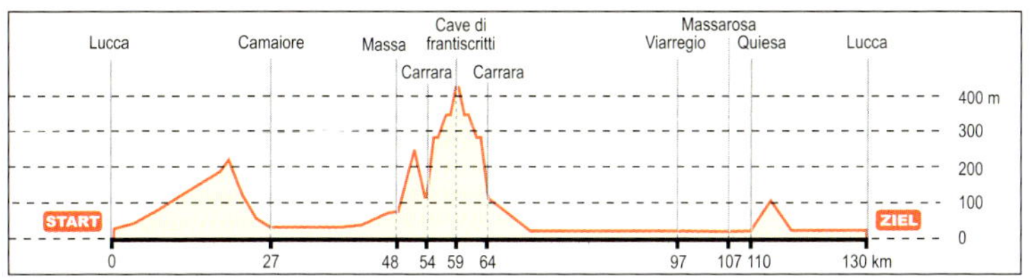

- **Gesamtlänge:**
  130 km
- **Streckencharakteristik:**
  zur Hälfte eben
  ein schwerer Anstieg
- **Straßenzustand:**
  hervorragend
- **Trainingsformen:**
  Grundlagenausdauer
  Fahrtenspiel
- **Einkehrmöglichkeiten:**
  Pietrasanta, Frantiscritti,
  Promenade am Meer, Lucca
- **Höhenmeter:**
  800

Von der hübschen und beschaulichen Provinzhauptstadt **Lucca** ausgehend – Parkplätze finden sich genügend im Bereich *centro* – halten wir uns im Stadtbereich immer an die Schilder *Camaiore* und fahren zuerst an der Stadtmauer entlang auf die SP 1. Den *Fiume Sérchio* überquerend gewinnen wir nach den letzten Vorstädten Luccas rasch offenes Land. Fast unmerklich steigt die Straße nun durch das breite Tal der *Freddana* führend an, und wir erreichen nach 20 km auf 200 Metern über dem Meer *Montemagno*, das ganz am oberen Rande des Talkessels von *Camaiore* liegt. Ein von drei Seiten von den mächtigen, steilen und unbezwingbar erscheinenden *Alpi Apuane* begrenzter Talkessel tut sich vor uns auf, am Talboden liegt friedlich ausgebreitet **Camaiore**. Wir sausen die Serpentinen hinunter an der Stadt vorbei Richtung Meer, und halten uns dann an die Schilder rechts nach *Pietrasanta*. Jetzt kann man die Nähe zu *Carrara* schon an

13

Information

Es gibt wohl keine Stadt in der ganzen Toskana, in der es sich so gemütlich und geruhsam flanieren, shoppen und wohl auch leben lässt wie in **Lucca.** Von mächtigen Stadtmauern umgeben ist das Innere autofrei und so genießen die Fußgänger und die meist äußerst geschickt steuernden Radfahrer die beschauliche Atmosphäre.
Die Stadt steht für Reichtum und Fleiß, aber auch für katholischen Konservatismus – sie hat sich im Trubel der modernen Welt ihren eigenen Charme bewahrt. Auch der Tourismus spielt hier nur eine untergeordnete Rolle und so nimmt das Leben der fleißigen Luccheser einen ruhigen, stetigen Verlauf. Nicht einmal die angebotene Errichtung einer Universität war eine große Versuchung – zwei Priesterseminare schienen den Stadtoberen der Bischofsstadt bis heute genug. Und so wird *Lucca* auch »der kleine Vatikan der Toskana« genannt, wo 99 Kirchen und Kapellen, die zwar zum Teil heute zweckentfremdet sind, von der Gesinnung der Bürger Zeugnis ablegen.

Der Name »*Luk*« kommt vom etruskischen Wort »Sumpf«- das Schwemmland des *Sérchios* auf seinem Weg an *Lucca* vorbei zum Meer war wohl malaria-verseuchtes Sumpfland, bevor es die Etrusker entwässerten. Das schach-brettartige Straßenmuster wurde dann um Christi Geburt von den Römern angelegt. Im Mittelalter stieg die Stadt zu einem Regionalzentrum empor, das sich seinen Reichtum mit Bankgeschäften und Brokatstoff- und Seidenher-stellung verdiente.

Aus dieser Zeit stammt auch der 4,2 km lange Stadtwall – ein mächtiger Lehmwall, der von einer 12 m(!) dicken Ziegelmauer eingefasst ist und der innerhalb von 150 Jahren fertiggestellt wurde. Dieses ausgefeilte Festungs-werk mit seinen unterirdisch und oberirdisch verlaufenden Wehrgängen, Geheimwegen und Zisternen war sicher ein Grund, warum die Stadt bis in das Jahr 1805 ihre Unabhängigkeit erfolgreich verteidigen konnte. Erst Napo-leon machte der Freiheit *Luccas* nach sechsjähriger Belagerung ein Ende. Die letzten Herrscher waren dann die Habsburger, die nach kurzen vierzehn Jah-ren die Hoheit an den italienischen Nationalstaat übergaben.

Sehenswert ist die Stadtmauer, die heute oben bepflanzt ist und auf der eine Straße entlang führt, von der aus man interessante Ausblicke auf die Dächer und Hinterhöfe der Stadt und auf die Alpi Apuane im Norden genießen kann. Dem Schutzwall vorgelagert ist ein 200 m breiter Grünstreifen, der – einst zu Verteidigungszwecken angelegt – heute dem Ineinanderwachsen von Neu- und Altstadt einen grünen Riegel vorschiebt.

Das *Amphitheater* am ovalen *Piazza del´Affiteatro* aus römischer Zeit, durch eines der vier Tore zu betreten, wird heute nicht für den Auftritt wilder Tiere und Gladiatoren, sondern Mittwochs und Samstags als Marktplatz genutzt.

Die 99 Kirchen *Luccas* zu beschreiben, würde den Rahmen dieses Buches sprengen. Drei seien stellvertretend genannt:

- Der 1400 Jahre alte *Dom San Martino* mit dem Holzkruzifix *Volto Santo*, das am 13. September in einer Prozession durch die Straßen getragen wird.
- *San Michele in Foro* mit der verspielten Fassade ganz aus Marmor.
- *San Frediana* mit dem goldgrundigen Mosaik am Giebel, welches die Himmelfahrt Christi zeigt.

Sie alle sind klerikale Bauwerke von besonderer Schönheit.

Der *Palazzo Guinigi* mit dem gleichnamigen Aussichtsturm – oben mit Stein-eichen bepflanzt – bietet nach 230 Stufen eine fabelhafte Aussicht über die zum Teil sehr reparaturbedürftigen Dächer der Stadt.

Diverse *Palazzi* der reichen lucceser Familien, etwa der *Palazzo Mansi* mit der prunkvollen Gemäldegalerie alter italienischer Meister, oder das *Casa Pucci-ni*, das Geburtshaus des großen Meisters, sind durchaus sehenswert.

den Steinbrüchen an den Hängen der *Alpi Apuane* erkennen, und dar-an, dass immer mehr Marmorlager und -verarbeitungsstätten links und rechts des verkehrsreichen Abschnit-tes liegen. In allen Größen und Far-ben kann man den Marmor beim Vorbeifahren bewundern: Tonnen-schwere Rohblöcke bis hin zu dün-nen, fein geschliffenen, riesigen Mar-morplatten liegen hier teils ungeord-net, teils sauber aufgeschichtet in den Steinmetzbetrieben. Nachdem wir die einzelnen Arbeiterdörfer, etwa *Pietrasanta*, durchquert haben, errei-chen wir *Massa*, das Verwaltungs-

Information

Pietrasanta selbst ist nicht der Marmorgewinnung, sondern mehr der künstlerischen Gestaltung des weißen Goldes zugewandt. Zahlreiche Ateliers in- und ausländischer Künstler sind zu besichtigen. In der Künstlerkolonie wird aber nicht nur erschaffen, sondern auch gelehrt und unterrichtet: Ein Atelierplatz in *Pietrasanta* hat unter Experten den gleichen Ruf wie ein Kunststudium in Florenz.

zentrum der Region. Im Zentrum am Kreisverkehr mit dem Kugelbrunnen biegen wir nach rechts ab Richtung *San Carlo,* dann nach *Cassette* und *Carrara.* Über die Überführung, unter der ebenfalls Marmorbetriebe angesiedelt sind, kommen wir nach der hektischen Betriebsamkeit der Arbeitswelt in einen beschaulichen Talabschnitt, in dem mit Hilfe von Terrassenkulturen eine Bewirtschaftung betrieben wird. 4 km lang ist der Anstieg mit an die 10% Steigung bis wir übergangslos von oberhalb **Carraras** auf Serpentinen in die Stadt hinunter rollen. Zum ersten Mal sieht man jetzt die weißen Abraumflächen des Marmors in den Bergen oberhalb der Stadt.

Wir fahren nun bis zum ersten Stoppschild und folgen rechts den Schildern *Cave de marmor* und *ospedale.* Wir rollen rechts am Krankenhaus vorbei und halten uns an das Schild

Information

Marmor, das weiße Gold, ist ein harter, praktisch nicht verwitternder Stein von gleichmäßiger Struktur aus kristallinem Kalk. 1 Million Tonnen, 30 000 Lastwagenladungen, werden jährlich gebrochen – doch unerschöpflich scheinen die Schätze der Alpi Apuane hier zu sein.

Schon die antiken Völker nutzten diesen Marmor etwa für Grabsteine. Die damalige Abbaumethode war primitiv, aber wirksam: Trockenes Feigenholz wurde in 20 cm tiefe Löcher in den Fels gepresst, das man anschließend einige Tage wässerte. Dem folgenden Aufquellen des Holzes war kein Felsen gewachsen und man konnte, in gefährlicher Arbeit von Sklaven verrichtet, die Blöcke ins Tal transportieren. Heute verwendet man endlose Stahlseile, die von Motoren durch eine Schnittfuge im Felsen gezogen werden – Wasser und Kieselsand dienen als Schleifmittel. Die tonnenschweren Rohblöcke werden dann von Kränen auf Lastkraftwagen verladen, die die wertvolle Last auf aufgelassenen Bahntrassen ins Tal oder zum Hafen befördern. Hier beginnt dann in den vielen Steinmetzbetrieben die Zerlegung der Quader in die verschieden dünnen Marmorplatten, wo dann die jeweilige Qualität und Farbstruktur erst so richtig zum Vorschein kommt.

Michelangelo selbst suchte sich oft in den Steinbrüchen, den *Cave Marmi,* den besten und reinsten Marmorblock der Qualität *»statuario«* aus, wobei auch er damals aus einem 30 Tonnen Quader »nur« eine Statue von 7 Tonnen Gewicht herausmeißeln konnte.

Einen beeindruckenden Einblick in die gefährliche Arbeit bietet das Freilichtmuseum von *Walter Danesi* in den *Cave Fantiscritti.* Bei freiem Eintritt wird man hautnah mit dem kargen Leben der Arbeiter – den *Cavatori* – in den Marmorbrüchen konfrontiert. Trotz gesundheitsschädigender Bedingungen müssen diese sehr stolz auf ihre Arbeit gewesen sein: Bis heute halten sich in *Carrara* hartnäckig die freiheitsliebenden Anarchisten in den politischen Fraktionen der Stadt.

Miseglia, durchqueren den engen Talboden und beginnen dann den steilen Aufsteig mit bis zu 12 % hinauf nach **Cave di frantiscritti.** Hoch über der Schlucht, in deren Talboden die Steinmetze die Marmorblöcke zersägen, traversiert die Straße eine Felswand und es bietet sich ein fantastischer Ausblick auf das gegenüberliegende Dörfchen *Bedizzano* und die Abraumhalden des Marmors in den Bergen. Hinter *Miseglia* geht's noch 1 km bis zur *Ponto di Vara* und noch einen weiteren steilen Kilometer bis zum Steinbruch selbst.

Nachdem wir uns vom steilen Anstieg erholt haben, vielleicht mit einer Erfrischung in der Bar des Marmorbruchs, befahren wir vorsichtig die Abfahrt, in den engen Kurven gut auf die Autos und Lkws achtend.

Hinter *Carrara* rollen wir weiter Richtung Meer, bis wir am Stoppschild direkt am Hafen, aus dem die tonnenschweren Marmorblöcke in die ganze Welt verschifft werden, nach links, nach *Viareggio* abbiegen.

Eine ganz andere Welt tut sich am Meer auf: Während hoch in den Bergen auch heute noch härteste körperliche Arbeit gefordert ist, ist auf der nun folgenden Bademeile der *Versilia »dolce far niente«* angesagt. Eben dahinrollend pedalieren wir auf

dem 30 km lange Abschnitt die Strände von *Carrara, Massa* und *Viareggio* ab, uns immer möglichst nahe am Meer bewegend. In **Viareggio** fahren wir solange an der Promenade entlang geradeaus, bis wir entlang des Kanals, der hier ins Meer fließt, nach links in die Stadt hinein biegen müssen. Wir halten uns auf dem Weg durch die Stadt stoisch an die Beschilderung *Massarosa, Massachiúccoli.* Nach *Massarosa* erreichen wir *Quiesa,* biegen hier nach links Richtung **Massaciúccoli** und fahren Richtung *Lago di Massaciúccoli.* Uns an *Lucca* orientierend erreichen wir alsbald den Schilfgürtel des Sees und gleich auch den bis zu 15% steilen 2 km langen Anstieg, von dem aus wir mit jedem Meter den malerischen See *Puccinis* (am gegenüberliegenden Ufer, in *Torre di Lago,* ist die *Villa Puccini,* das Wohnhaus des berühmten Domkapellmeisters von *Lucca* und Opernkomponisten, zu besichtigen) besser überblicken können. Nach der Abfahrt durch ein schattiges Wäldchen halten wir uns am nächsten Stoppschild in *Balbano* nach links (Achtung: keine Beschilderung). Den Damm des *Sérchios* fahren wir dann links entlang, überqueren die Brücke *Ponte San Pietro* und befahren die 5 km lange Einfallstraße nach **Lucca,** wo wir – uns Richtung *centro* haltend – unseren Ausgangspunkt leicht wiederfinden.

13

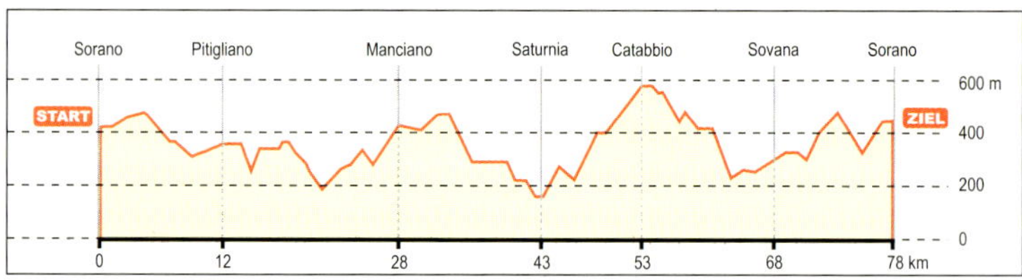

- **Gesamtlänge:**
  78 km
- **Streckencharakteristik:**
  stark hügelig
  mit einem langen Anstieg
- **Straßenzustand:**
  hervorragend
- **Trainingsformen:**
  Grundlagenausdauer
  Bergfahren
  Kraftausdauer
- **Einkehrmöglichkeiten:**
  Pitigliano, Sorano, Manciano,
  Sovana
- **Höhenmeter:**
  1150

Schon die Etrusker badeten sich, soweit wir das wissen, in den heißen Quellen von *Saturnia* – aber nicht nur dieses Bad rechtfertigt die weite Anreise in den Süden der Toskana, auch die alten etruskischen Städte sind fürwahr sehenswert.

Von **Sorano**, an einer Schlucht erbaut, starten wir in Richtung *Pitigliano,* und kommen gleich in weites ländliches Gebiet, wo große Schafherden friedlich grasen. Auch das Licht verändert sich: Es wird noch heller, noch südlicher.

Vorerst deutet der ungerichtete Blick über die Ebene nicht darauf hin, dass sich hier die Flüsse bis zu 150 m tiefe Schluchten in die sandigen Böden gegraben haben. Doch bald darauf verschwinden wir selbst auf immer steiler werdenden Geraden, die von der Hochebene hinunter in die Tiefe zum *Fiume Lente* führen.

Hier unterhalb von **Pitigliano** verschwinden ganze Reisebusse im Bauch der Tuffsteinfelsen, in Höhlen, die als Lager oder auch als Wohnungen genutzt werden. Nach der Durchfahrt durch das malerische Städtchen stürzen wir uns in die kurze aber wilde Abfahrt über ein weit gespanntes Aquädukt, und haben von der gegenüberliegenden Seite aus noch einmal einen phantastischen Ausblick auf das auf dem Felsen thronende Etruskerstädtchen.

Und wieder können wir eine Abfahrt in eine Schlucht genießen, die der

Information

Sorano, die Stadt am Abhang, ist uraltes Siedlungsgebiet der Etrusker. Davon kann man sich in der *Chiesa di San Rocco* und den Grabstätten im *Parco Archeologico* selbst überzeugen. Das verschlafene Städtchen ist sehr ursprünglich geblieben, da die Touristenströme nach *Sovana* und *Pitigliano* führen.

Viele der Häuser, die wildromantisch über der beeindruckenden Schlucht des *Lente* am Tuffsteinfelsen kleben, mussten von ihren Bewohnern auf Grund der Erosion bereits aufgegeben werden.
Sehenswert ist auch die niemals eingenommene Burg der *Orsini* im Süden der Stadt.

Fluss *Fiora* eingegraben hat, um danach eine 10 km lange Steigung mit
insgesamt 250 Höhenmeter hinauf
zum Städtchen **Manciano** zu bewältigen.

Wir halten uns rechts Richtung *Saturnia* und sehen oberhalb *Mancianos*
in einer Kehre das Meer von *Grosseto*
herauf leuchten. Danach sausen wir
die soeben gewonnenen Höhenmeter wieder hinunter, vorbei am Städtchen *Montemerano*. Uns rechts haltend sehen wir in einer Kurve am
gegenüberliegenden Talboden schon

die auf freiem Feld liegende Quelle
von **Saturnia.** Jeder, der sich hier ein
Rinnsal vorgestellt hat, wo sich die
Badenden vielleicht anstellen müssen, wird staunend eines Besseren
belehrt.

Wir sollten uns im Wasser gut erholt
haben, denn noch sind bis zum Ende
der Tour an die 500 Höhenmeter zu
überwinden. Hinter dem Fluss beginnen wir den insgesamt 11 km langen, aber nicht sehr steilen Anstieg
zuerst hinauf in Richtung der Ortschaft *Saturnia* und dann nach rechts

14

Information

Pitigliano liegt äußerst malerisch
auf einem langen Felsrücken aus
Tuffstein, wobei die Häuser aus dem
Gestein hervorzuwachsen scheinen.
Jedes Haus hat hier quasi im Keller
eine Art Gewölbe, das für jegliche
Benutzung verwendet wird: Oft sind
Lagerräume, Weinkeller, Garagen,
Werkstätten oder auch Ställe darin
untergebracht. Bischofssitz ist der

Palazzo Orsini am zentralen *Piazza
Repubblica,* der auch ein interessan-
tes Museum beherbergt.

Pitigliano verfügte bis 1938 über
eine bedeutende jüdische Gemein-
de – koschere Weine werden noch
heute in jedem Laden der Stadt angeboten. Auch die Synagoge und
die jüdischen Friedhöfe zeugen von
jener Zeit.

14

Information

Großzügig ergießt sich der breite Wasserfall von **Saturnia** in die sinterartigen Vertiefungen und bildet so natürliche Badewannen der köstlichsten Art. Die Vögel zwitschern und vergnügen sich im hohen Schilfbewuchs der Quelle, und ebenso paradiesisch vergnügen sich auch die vielen Menschen, welche in diesem wohltemperierten Wasser baden. Diese natürliche 37 °C warme Schwefelquelle lobte schon Dante in seiner »Göttlichen Komödie«.

Doch Achtung: Das Bad ermüdet sehr stark – mehr als 20 Minuten sollte man dieses frei zugängliche Thermalwasser nicht genießen, wenn man noch eine lange Wegstrecke mit dem Rad zurücklegen möchte!

Richtung *Sempronaio* und *Sovana*. Wenn wir *Catábbio* erreicht haben, ist der Anstieg geschafft. Von nun ab geht's massiv bergab, auch hier orientieren wir uns an *Sovana*. Bei der Abfahrt hinunter zum Fluss *Fiora* haben wir einen weiten Ausblick über die Ebenen und Schluchten. Vorbei an den etruskischen Nekropo-len klettern wir noch einmal hinauf und können die interessante Stadt **Sovana** besichtigen.

Nach etwa 8 km leicht ansteigender Fahrt überqueren wir in einer Schlucht unterhalb *Soranos* den Fluss *Lente* und erklimmen dann die letzten Höhenmeter hinauf nach **Sorano**, unserem Startort der Tour.

Information

Sovana ist ein kleines, hübsch renoviertes Städtchen an einer lang gezogenen Straße und ganz aus Ziegelsteinen errichtet. Hier herrschte im Mittelalter die Familie der *Aldobrandeschi,* deren gewaltige Burgruine am Dorfeingang noch zu besichtigen ist.

Neben der Kirche *Santa Maria* mit einem 1000 Jahre alten Altarbaldachin ganz aus Marmor sind vor allem die etruskischen Gräber der Umgebung sehenswert. Darunter ist auch die wohl berühmteste Grabanlage, die *Tomba Ildebranda* aus dem 3. Jahrhundert v. Chr.

Die Etruskerstadt Pitigliano.

14

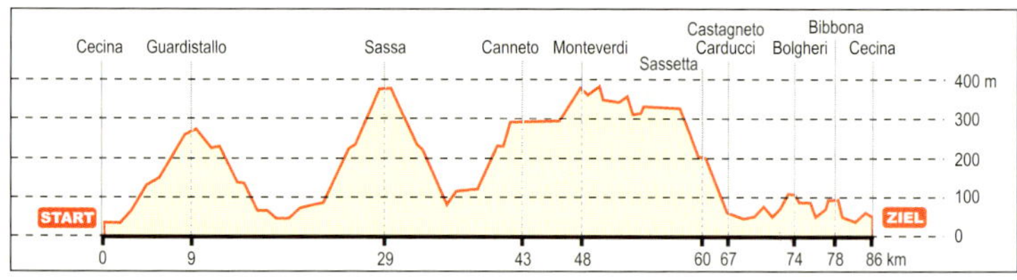

- **Gesamtlänge:**
  86 km
- **Streckencharakteristik:**
  leicht hügelig
  mit einem mittleren Anstieg
- **Straßenzustand:**
  hervorragend
- **Trainingsformen:**
  Grundlagenausdauer
  Bergfahren
- **Einkehrmöglichkeiten:**
  Canneto, Monteverdi M.,
  Sassetta, Castagneto C.
- **Höhenmeter:**
  1110

Viel Zeit zum Einrollen bleibt nicht, wenn wir vom großen Kreisverkehr vor der Autobahnauffahrt von **Cecina** – Parkplätze gibt's genug direkt neben der Kreisverkehrsinsel – in Richtung *Guardistallo* aufbrechen – vielleicht die 2 km bis zum Campingplatz *Montescudaio* im Pinienwald. Denn ab dort steigt es zuerst leicht an, um dann auf diesen 6 km ein halbes Dutzend kurze, aber scharfe

Spitzen mit 12% Steigung einzustreuen. Durch silbrige Olivenhaine auf roter Erde fahren wir auf **Guardistallo**, das hübsche Städtchen an der Weinstraße zu, fahren links unterhalb des Ortes vorbei und halten uns dann an das Hinweisschild *Casale Marittimo*.

500 Meter weiter zweigen wir nach links unten ab, nach *Canneto/Bibbona*, um nach einem weiteren Kilometer halb links nach *Canneto* zu fahren. Trotz der sehr steilen Abfahrt beeindruckt das Panorama des Tales mit dem Fluss *Sterca* und weiter hinten mit dem Fluss *Cecina*, wo sich weite Weizenfelder über die Hügel dehnen. Ab der Kreuzung in der Ebene befahren wir die SP 18 rechts nach *Canneto*. 6 km rollen wir nun eben dahin im breiten, intensiv landwirtschaftlich genutzten Talboden, bis wir zur Abzweigung nach *La Sassa* kommen.

Einen 6 km langen Anstieg hinauf zu diesem von der Jugend verlassenen Dorf in der herben Wildnis kann man ab hier als eine Art Bergtraining in

Information

Cecina Mare, der Badestrand von *Cecina*, liegt 3 km von der Stadt entfernt am Meer. Es ist ein unscheinbarer, vor allem von Italienern besuchter Badeort, der mit seinen hölzernen Umkleidekabinen noch den Charme der 1980er Jahre ausstrahlt. Unmittelbar südlich davon beginnt am Küstenstreifen der kilo-meterlange Pinienwald, der *Foristieri Demaniali*, wo man auch an Wochenenden im Hochsommer – vor sengender Sonne geschützt – immer ein freies Plätzchen findet.
Cecina selbst liegt an der *Via Aurelia* und entstand ursprünglich aus einer römischen Pferdewechselstation.

Angriff nehmen. Gut befahrbar zwischen 5 und 10 % pendelt die Steigung, bei passablen Straßenverhältnissen, gut beschattet vom dichten Mischwald. Achtung, oben im pittoresken Dorf selbst gibt es keine Bar zum Auftanken – dafür aber im ersten Drittel des Anstieges eine Quelle am Straßenrand und eine Bar mit *Alimentari* (Lebensmittel) noch unten an der Hauptstraße.

Nach der Bezwingung von *La Sassa* – das man auch auslassen und sich dafür einen *cappuccino* unten in der Bar gönnen könnte – rollen wir weiter in Richtung *Canneto*. Unmerklich erhöht sich die Steigung und wird dann nach der Überfahrt über eine Brücke deutlich stärker und unruhiger. Bei minimalem Verkehrsaufkommen ist dieser Abschnitt eine beliebte Trainingsstrecke der Radler aus der Umgebung. Die Gegend ändert ihr Gesicht vom lieblich toskanischen hin zum herben, alpinen Charakter – die Zypressen weichen der rauen Macchia. Wellenförmig steigt nun die Straße weiter bis *Canneto* und dann – bei malerischen Ausblicken in die dicht bewaldeten Bergkämme der Umgebung – auf der SS 329 nach **Monteverdi Marittimo.**

Auf gepflegtestem Asphalt halten wir uns nun an die Schilder *Castagneto Carducci* und konzentrieren uns auf die rasante Abfahrt mit unzähligen Kurven, bis wir nach 10 km die Abzweigung nach links Richtung *Sassetta* erreichen. Der malerische Ort auf einem Bergkamm über einer Schlucht ist ein begehrtes Fotomotiv. Weiter geht die Abfahrt bis nach **Cas-**

15

tagneto Carducci am Rande der Ebene, bis zu jener Stadt also, die so malerisch 200 Höhenmeter über der Ebene der *Maremma Pisana* thront, eingebettet in silbrige Olivenhaine.

Unterhalb der Stadt biegen wir nach rechts Richtung *Bolgheri,* und genießen die 8 km toskanischer Traumlandschaft unter den pilzförmigen Schirmen gewaltiger alter Pinien.

Die 5 km lange, zypressengesäumte Allee vom Meer herauf bis *Bolgheri,* dem Ausflugsort mit der mittelalterlichen Burg, wurde bereits von Dichtern und Minnesängern des Mittelalters verewigt.

Den Schildern *Bibbona* folgend, erwartet uns ein abwechslungsreiches Auf und Ab durch die Weinberge, Weizenfelder und Waldabschnitte, links glänzt das Meer herauf und rechts bewachen die Berge den ebenen Küstenabschnitt.

Hinter dem Ort *Bibbona* fahren wir links Richtung SS 1 *Aurelia.* Nach 2 km biegen wir dann rechts ab, nach **Cecina**. Eine schnurgerade Straße lässt uns über sanfte Wellen zurück zu unserem Ausgangspunkt rollen.

Der noch sanfte untere Teil des Anstiegs nach Micciano.

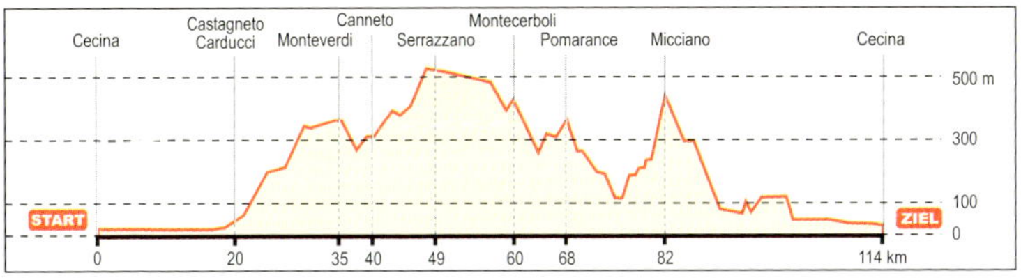

- **Gesamtlänge:**
  114 km
- **Streckencharakteristik:**
  stark hügelig
  mit einem extremen Anstieg
- **Straßenzustand:**
  hervorragend
  einige Kilometer ausreichend
- **Trainingsformen:**
  Grundlagenausdauer
  Bergfahren
  Krafttraining
- **Einkehrmöglichkeiten:**
  Castagneto Carducci, Canneto,
  Monteverdi, Pomarance
- **Höhenmeter:**
  1400 (mit Alternativroute 1600)

Diese Tour präsentiert uns neben den »normalen« Hügeln auch den sicher steilsten Abschnitt der ganzen Toskana. Also fahren wir ohne Umschweife aus **Cecina** – *tutti del directioni* – heraus Richtung Süden auf der *Via Aurelia,* die uns durch die industriereichen Vororte der Stadt hinaus in ebenes Gelände führt. Parallel zur *superstrada aurelia* rollen wir, bei noch passablem Verkehrsaufkommen, einmal unter und einmal über diese Schnellstraße hinweg. Begleitet von Oleanderbüschen kommen wir dann auf die 5 km lange Gerade der Pappelallee bis *San Donoratico,* wo wir nach links nach *Castagneto Carducci* abbiegen. Nach weiteren 3 km durch die Traumlandschaft der *Maremma Pisana,* mit den 30 Meter hohen Pinienriesen unterhalb **Casta-**

gneto **Carduccis,** befahren wir hinauf bis *Canneto* den Abschnitt der Tour 15, nur in umgekehrter Richtung. Jetzt erst wird uns vielleicht bewusst, wie zuerst die Steigung an *Castagneto Carducci* vorbei mit 6 bis 7 % gut rollt und dann, ab der Abzweigung nach *Sassetta,* auf 1 km ein steiler Abschnitt mit 11 % folgt.

Bis **Monteverdi Marittimo** fahren wir dann auf einer Art Hochebene, wo wir die unbewohnten, dicht bewaldeten Berghänge bewundern können.

Im Ort *Canneto* halten wir uns rechts, Richtung *Serrazano.* Nach 4 km Steigung mit etwa 9% erreichen wir die für diese Tour höchste Höhe mit knapp über 500 Metern über dem Meer und sind nun in einem bergigen Gebiet, das auf kargem Boden nur mehr den Kiefern Nahrung bietet. Es ist die Zone der Geothermie: Auf den folgenden, kurvigen 16 km bis *Montecerboli* wird mithilfe unzähliger

Alternativroute

Wer sich dem Anstieg von *Micciano* nicht gewachsen fühlt, darf hinter *Pomarance* die steile Abfahrt nach *Saline di Volterra* und dann links die 6 km der verkehrsreichen SS 68 nach *Cecina* fahren. Kurz nach *Ponte Ginori* biegen wir nach links ab Richtung *Bibbona.* Einige hundert Meter hinter der Überquerung des Flusses *Cecina* vereinig sich diese Route wieder mit der aus *Micciano* kommenden Haupttour.

16

Tour 16: Cecina–Castagneto Carducci–Monteverdi Marittimo–Serrazano–Pomarance–Micciano–Cecina

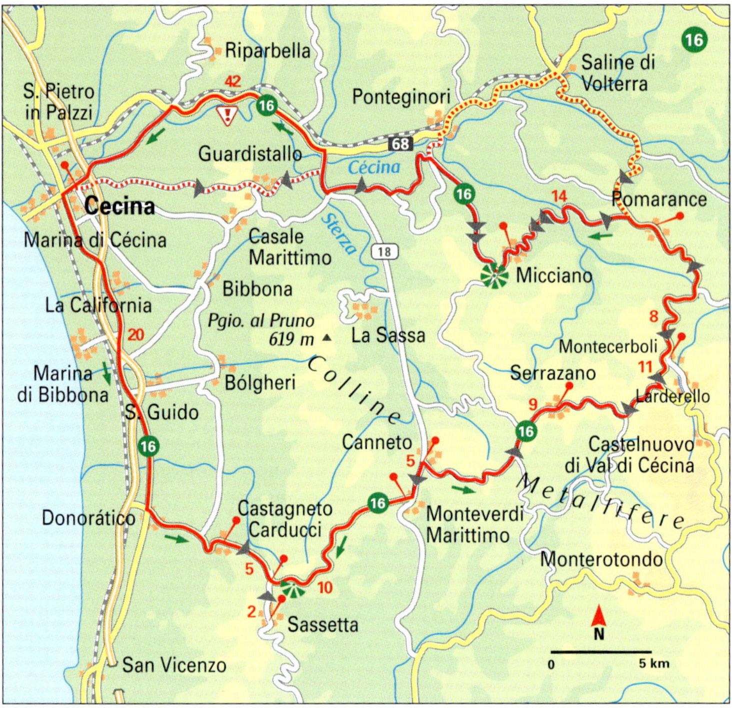

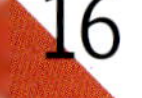

dampfender Kühltürme und kilometerlanger, silbriger Aluröhren, die das Land wie mit Lametta überziehen, aus den oberflächlichen Heißwasservorkommen Dampf und damit Elektrizität erzeugt. Mitten drin – etwa 5 km hinter dem höchsten Punkt – der steile Burgberg von **Serrazano,** der uns – da sehr kurz – mit einigen 14%igen Kehren aber noch nicht wirklich schrecken kann.

16

Am Stoppschild vor *Montecerboli* wenden wir uns nach rechts, Richtung *Pomarance,* wo die dichteste Ansammlung von geothermischen Apparaturen jeder Größenordnung zu finden ist Wie der Teufel – nämlich schwefelig – riecht es hier allerorten. Wir entfliehen dieser Gegend, *Montecerboli* durchquerend, und kommen gleich darauf in das wieder liebliche **Pomarance.**

Nun können wir uns auf der Abfahrt von *Pomarance* schon innerlich auf die Königssteigung von *Micciano* vorbereiten.

Nach 1,5 km biegen wir nach links, in Richtung *Micciano/Libbiano* ab und fahren einen Bergrücken entlang durch Zypressenalleen an alten Bauerngehöften vorbei und über drei steile *tornanti* (Kehren) hinunter zum Talboden. Wir überqueren zwei im Sommer ausgetrocknete, steinige Flussläufe und beginnen nun nach 2 km den Anstieg mit seinen 15 bis 16% auf den ersten 200 m.

Noch einmal können wir auf den nächsten 2 km mit wellenartiger Steigung verschnaufen und das fast biblische Bild dieses Talkessels mit den goldenen Weizenfeldern, den friedlichen Bauernhöfen und den eleganten Gehöften genießen. Diese male-

Information

Der Anstieg nach Micciano ist mit seiner Länge von insgesamt etwa 6 km und seiner brutalen Steigung von bis zu 18 % nur in Bestform zu absolvieren. Von der Übersetzung her sollte zumindest ein 25er Zahnkranz an Bord sein – der 23er kann eine Qual sein!

Diese Steigungen nützen übrigens so manche amerikanischen Radprofessionals, die an der etruskischen Riviera gerne ihr Trainingslager abhalten, als optimales Trainingsterrain für die Vorbereitung auf den Giro d'Italia.

rische Szenerie wird noch verstärkt durch den alles überragenden, dicht bewaldeten Berg von **Micciano,** halblinks bewacht vom Schwesterberg von *Libbiano.*

Nun erreichen wir den wilden, dicht beschatteten Abschnitt im Wald, wo sich die enge Straße in kurzen Serpentinen mit brutalen 18, 19% ihren Weg durch das Grün bahnt. 3 km Anstieg der höchsten Schwierigkeitsstufe liegen vor uns, zumal durch die kurzen Distanzen von oft nur 10 bis 15 Metern zwischen den Kurven an ein Schwung holen gar nicht zu denken ist.

Alternativroute

Um nicht diesen verkehrsreichen Abschnitt auf der Hauptstraße nach *Cecina* befahren zu müssen, biegen wir auf der SP 18 kurz vor der Einmündung in die Hauptstraße SS 68 nach links hinauf Richtung *Guardistallo* ab, das wir dann nach 5 km mit stufenförmigem Anstieg – der uns aber nach der Steigung von *Micciano* auch nichts mehr anhaben kann – erreichen.

Oben angelangt führen uns die Schilder Richtung *Cecina* mit einer angenehmen Abfahrt auf bekanntem Wege (umgekehrt wie in Tour 15) an unseren Ausgangspunkt zurück.

Oben angekommen können wir verschnaufen und dabei das 360°-Panorama genießen!

Nach 7 km Abfahrt (nicht so steil, wie die Auffahrt) und weiteren zwei flachen Kilometern erreichen wir eine Kreuzung, wo wir nach links Richtung *Cecina/Bibbona* abbiegen. Über leicht hügeliges, intensiv landwirtschaftlich genutztes Gebiet erreichen wir die SS 18, die wir nach rechts befahren, bis wir nach 2 km links auf die Hauptstraße nach Cecina abbiegen. 8 km lang ist nun dieser Abschnitt der Hauptverbindungstraße von Volterra zum Meer. Er sollte, weil verkehrsreich und eng, sehr konzentriert befahren werden.

Auf breiter Straße können wir dann gemütlich ausrollen, indem wir links über die Bahnschienen nach **Cecina** abbiegen, das wir nach 7 km erreichem.

16

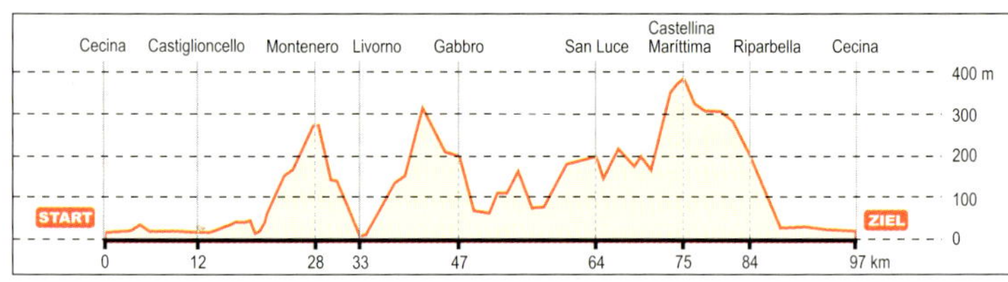

- **Gesamtlänge:**
  97 km
- **Streckencharakteristik:**
  stark hügelig
  halb eben
- **Straßenzustand:**
  hervorragend
- **Trainingsformen:**
  Grundlagenausdauer
- **Einkehrmöglichkeiten:**
  Gabbro, S. Luce, Castellina M.,
  Riparbella
- **Höhenmeter:**
  1200

Von **Cecina,** unserem Ausgangspunkt aus, überqueren wir den *Fiume Cecina* und rollen im Schwemmland des tyrrhenischen Meeres zwischen Oleanderbüschen auf ebener Straße dahin. Pinienalleen spenden Schatten und zum Teil sichert ein Fahrradstreifen unser Vorwärtskommen.

Hinter *Vada,* einem Touristenörtchen am Meer, fahren wir auf den Industrieort *Rossignano Solvay* zu, wo die Luft stinkt und der Meeresabschnitt vergiftet ist von den Abgasen und Abwässern der chemischen Industrie. Gleich darauf ändert sich das Bild und ein reizender Küstenabschnitt des ehemals mondänen Seebades *Castiglioncello* erfreut das Auge. Sandiger Untergrund lässt nun 40 Meter oberhalb des Meeres eine dichte duftende Macchie wachsen. Wir müssen nun nach 20 km auf die *superstrada* – diese zuerst unterfahrend – auffahren und nach 3 km Anstieg biegen wir spitzwinkelig Richtung *Montenero* zurück.

Sehr schnell erheben wir uns nun über das Meer und tauchen ein in die dichte, duftende Macchie der völlig unberührten *Colli Livornese.* Auf 8 km Strecke überwinden wir nun bei mäßiger Steigung diese etwa 200 Höhenmeter und erreichen **Montenero,** das ein bedeutendes Kloster beherbergt. Von den folgenden sehr steilen Serpentinen aus liegt unvermittelt die Großstadt **Livorno** vor uns ausgebreitet. An klaren Tagen kann man von hier aus bis nach Korsika sehen. Wir fahren in die Stadt hinein, um nach den ersten Häuserzeilen gleich nach rechts Richtung *Gabbro* abzubiegen. Nun nimmt uns ein liebliches enges Tal auf, in dem wir auf einer von Schilf gesäumten Straße sanft ansteigend etwa 8 km zurücklegen. Danach wird es etwas steiler und die letzten 3 km weisen bis zu 12 % Steigung auf.

Abwärts durchfahren wir **Gabbro,** halten uns an die Schilder Richtung *Pisa* und erreichen alsbald die Verbindungsstraße SS 206, die wir für 2 Kilometer nach links in Richtung *Pisa* befahren. An der Kreuzung nach *Orciano* biegen wir nach rechts ab. Wir durchqueren nun auf 9 km Strecke fruchtbarste, hügelige Getreidefluren, wo sich der goldgelbe Weizen in der Sonne wiegt. An der Kreuzung mit der Hauptstraße biegen wir rechts nach *S. Luce* ab.

Hunderte von Kurven erwarten uns nun, da die Straße jede Biegung der Hügel nachzeichnet. Dabei breitet sich hügeliges mit Ölbäumen bewirt-

17

Information

Livorno, die zweitgrößte Stadt der Toskana, fällt vor allem durch seine Industrie und seinen großen Hafen auf. Die verhältnismäßig junge Stadt, gegründet erst im Mittelalter, war einmal Militärbastion, bevor sie 1592 per Dekret zum bedeutendsten Hafen des Mittelmeeres gemacht werden sollte. Zu diesem Zweck öffnete sich die Stadt damals Seeleuten, Piraten, Einwanderern und Flüchtlingen aus aller Herren Ländern, und entwickelte sich dadurch von der kleinen Festungsstadt zur wichtigen Hafenstadt der Toskana.

Den Zerstörungen des Zweiten Weltkrieges sind nur wenige historische Bauten entkommen. Sehenswert ist das *Fortezza vecchia*, die alte Festung am Hafen, mit dem Turm *Mastio di Matilde*.

schaftetes Land vor unseren Augen aus, das 30 km entfernte Meer funkelt in der Sonne.

Hinter *San Luce* erklimmen wir noch auf einem kräftigen 6 km langen Anstieg 200 Höhenmeter nach **Castellina Marittima.** Danach führt die Route wieder kurvig, aber sanft abfallend nach **Riparbella,** einem langen Straßendorf. Nun fällt das Gelände steil in die Ebene ab, wo wir, uns an die Schilder **Cecina** haltend, gemütlich ausrollen und nach 8 km die Stadt erreichen.

17

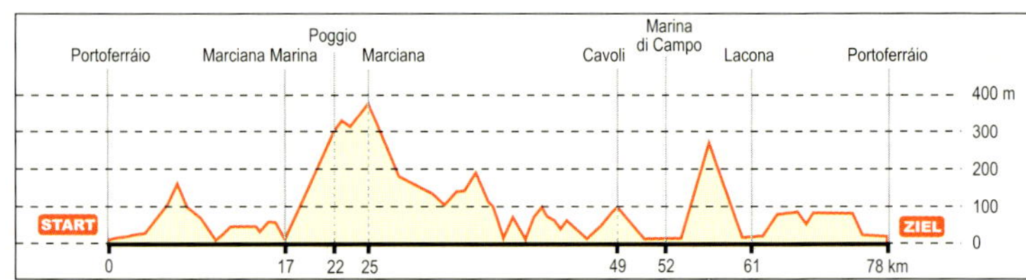

- **Gesamtlänge:**
  78 km
- **Streckencharakteristik:**
  *hügelig mit einem mittel-
  schweren Anstieg*
- **Straßenzustand:**
  *zum Teil Frostaufbrüche
  sonst gut*
- **Trainingsformen:**
  *Grundlagenausdauer
  Bergfahren*
- **Einkehrmöglichkeiten:**
  *Marciana, Pomonte, Fetováia,
  Marina di Campo, Lacona,
  Portoferraio*
- **Höhenmeter:**
  1360

Ein Erlebnis, eine Abwechslung, eine anspruchsvolle Radtour, eine romantische Inselumrundung, eine Begegnung mit der Geschichte Napoleons und damit Europas – all das kann eine Tour auf Elba sein. Von *Piombino* aus, der Hafenstadt an der *Maremma Pisana*, wo wir durch die Stadt mit Hilfe der Schilder »porto« gut zum Hafen gelotst werden, besteigen wir eine Fähre nach Elba.
Leider muss man sich die Begegnung mit Elba mit den etwa 3 Millionen Touristen pro Jahr teilen. Die Nebensaison ist also allemal zu bevorzugen, zumal der Autoverkehr, insbesondere die Camperautos und Busse, im Sommer auf den steilen

Information

Etwa eine Stunde dauert die **Überfahrt** der Fähren von *Piombino* nach *Portoferraio,* die stündlich ablegen - die Tragflügelboote, *aliscafo,* brauchen 35 Minuten. Das Geschäft teilen sich die zwei Schifffahrtsgesellschaften *Toremar* und *Moby Lines.* Die etwas günstigere *Toremar* verlangt etwa 10 Euro hin und zurück pro Person und Rad. Die Tickets bekommt man direkt an der großen *Bigletteria* an der Anlegestelle. Hier stehen auch genügend gebührenpflichtige Parkplätze zur Verfügung – unentgeltliche Parkmöglichkeiten gibt es aber auch unmittelbar oberhalb des großen Hafengeländes.
Die jährlich 3 Millionen Touristen hätten indirekt sicher den Charme dieser Insel zerstört, wenn nicht 1980 vom römischen Parlament Gesetze zum Schutz des Toskanischen Archipels erlassen und dann – nach langen Diskussionen – 1996 unter massiver Mithilfe der EU der Nationalpark Toskanischer Archipel gegründet worden wäre.
Er schützt die sieben größeren Inseln der Toskana vor der menschlichen Bauwut und erhält uns dadurch die einmalige Natur dieses zauberhaften Fleckens Erde.
Tatsächlich ist es erstaunlich, dass sich trotz größter Nachfrage alle touristischen Einrichtungen dezent in die Landschaft integrieren.

18

Information

Portoferraio, auf einer Landzunge gelegen, ist der Hafen für die Fähren vom Festland.

Neben der Festungsanlage, die man von der Fähre aus deutlich sieht, ist noch die *Villa dei Mulini,* das ehemalige Wohnhaus Napoleons, mit dem gleichnamigen Museum sehenswert.

Interessant ist aber durchaus auch das Altstadtviertel, um beschaulich zu flanieren oder sich in den zahlreichen Bars eine Erfrischung zu gönnen.

Straßen auch ein Abgasproblem für uns Radler darstellt.

In **Portoferraio,** der Hauptstadt der Insel, entladen wir unsere Räder und halten uns in der Stadt an die Schilder *Marciana.* Gleich außerhalb der Stadt beginnt der erste Anstieg und gleich beginnt auch die Begegnung mit der dichten mediterranen Pflanzenwelt Elbas, die einen besonders intensiven Duft verströmt – wie es ein Radlerkollege treffend ausdrückte: »…man glaubt, in ein Parfümfläschchen gefallen zu sein.« Gleichzeitig fällt auf, dass die Gegend fast unbewohnt ist und dass keine größeren Hotelanlagen die unberühr-

te Natur unterbrechen. Die ersten 17 km rollen wir etwa 40 m über dem azurblauen, kristallklaren Wasser der Badebuchten durch die Landschaft, bis wir *Marciana Marina* erreichen.

Nun beginnt ein 9 km langer Anstieg hinauf in das Bergdorf nach *Marciana.* Zuerst steil mit bis zu 11% Steigung, dann in Serpentinen etwas leichter zum Ort *Póggio* hinauf, den wir umfahren. Wie ein Adlernest klebt dann **Marciana** auf einem Felsvorsprung und bietet einen fantastischen Blick von 380 Metern über dem Meer über die steilen Berghänge nach unten.

18

Information

Nur 300 Tage war **Napoleon Bonaparte** auf der Insel *Elba* als Souverän eingesetzt und doch hinterließ er deutliche Spuren. Immens muss auch damals noch seine Schaffenskraft gewesen sein (immerhin war es eine schwere Demütigung für den ehemaligen Herrscher über ganz Europa, als er nach seinem verlorenen Russlandfeldzug abdanken musste und gnadenhalber das kleine Inselchen als sein bescheidenes Reich zugesprochen bekam), da er sofort daran ging, den Inselstaat nach seinen Vorstellungen zu verändern und der Insel damit einen kräftigen Aufschwung brachte.

Auf das bäuerliche Eiland brachte er auch den Glanz höfischer Verschwendung, wenn er mit großem Gefolge die Insel durchfuhr und Goldmünzen unter die Bevölkerung streute. Diese Großzügigkeit zog viele Veteranen magisch an, sodass er sich – bestärkt durch das Gerücht, dass er anlässlich des Wiener Kongresses verbannt werden sollte – entschloss, noch einmal gegen Europa zu ziehen.

Er verließ *Elba* mit seinen Getreuen Richtung Frankreich und war imstande, in kürzester Zeit eine Armee aus dem Boden zu stampfen, die jedoch die entscheidende Schlacht bei *Waterloo* verlor.

Das besiegelte dann das Schicksal des klein gewachsenen, streitbaren Napoleon endgültig – er wurde verbannt. Diesmal aber nicht auf das bezaubernde *Elba,* sondern auf die schreckliche, weit entfernte Insel *St. Helena.*

Hier – von wo es für ihn kein Zurück in das zivilisierte Europa gab – starb er nach sechs Jahren der Verzweiflung als dreiundvierzigjähriger. Ob an einem Krebsleiden, ob an den Folgen der unmenschlichen klimatischen Verhältnisse auf der Insel oder durch die »Kunst« seiner Leibärzte ist ungeklärt.

Heute kann man auf *Elba* noch seine Stadtwohnung in *Portoferraio,* die *Villa dei Mulini* und seinen Landsitz, die Villa von *San Martino* mit der Galerie *Demidoff,* bewundern.

Ebenso steil geht es nun in die Abfahrt und dann weiter zu den kleinen Inselörtchen *Chiessi, Pomonte, Fetováia, Seccheto, Cavoli* und dann zum größeren Ort *Marina di Campo,* wo wir uns, wenn wir nicht in den Ort selbst hineinfahren wollen, an die Schilder links nach *Portoferraio* halten. In diesen Küstenörtchen fällt der Wechsel des Charakters der Gebäude und Orte auf. Was noch um *Portoferraio* italienische *Palazzi* waren, werden nun erfrischend einfache, weiße Häuser, die genausogut in Frankreich, etwa in der Provence, stehen könnten. In *Fetováia* findet man an unverbauten Stränden weißen Sand im Gegensatz zu den sonst schwarzen Kieselstränden.

Die Fahrt 50 bis 150m über dem Meer bietet einen sagenhaften Ausblick – bei klarem Wetter hinüber bis zu den Nachbarinseln *Capráia* und *Korsika.* Diese imposante Kulisse – rechts vom Abgrund und vom Meer nur durch die Leitplanken getrennt und links der steile, rotbraune, eisenhaltige Felsen – wird sicher einen bleibenden Eindruck hinterlassen. Dabei ist es noch eine recht anspruchsvolle Radtour, denn immer wieder müssen bis zu 1 km lange Anstiege überwunden werden. Leider ist trotz der sichtbaren Bemühungen

18

die Asphaltdecke nicht immer in optimalem Zustand.

Außerhalb von *Marina* biegen wir nach rechts, nach *Lacona,* und werden dann ins Inland geführt, wo uns ein 5 km langer 8-9%iger Anstieg, begleitet von üppiger Vegetation, erwartet.

Mit der höchsten Höhe von 280 m über dem Meer ergeben sich nicht nur phantastische Ausblicke, sondern auch eine wunderbare Abfahrt. Noch einmal fahren wir hinter dem Ort **Lacona** durch schattige Pinienwälder hinauf auf 75 Höhenmeter; an der Kreuzung mit der Straße von *Porto Azzurro* biegen wir dann nach links Richtung **Portoferraio,** das wir dann bereits nach wenigen Kilometern erreichen.

Die Schilder *porto* führen uns wieder zum Ablegeplatz der Fähre.

18

Ein Regentag ist manchmal eine willkommene Abwechslung – die Toskana hat auch dann ihre Reize.

Montemerano 77
Montenero 86
Montepulciano 59
Montevarchi 56
Monteverdi Marittimo 81, 83
Murlo 38

Panzano 34
Passo de Pecorai 35
Passo di Consuma 57
Pianella 29
Pienza 61, 70
Pietrapiana 56
Pietrasanta 72
Piombino 88
Pisa 21, 22
Pitigliano 20, 76
Poggibonsi 33, 50
Pomarance 49, 84
Pomonte 91
Ponte Ginori 83
Ponto di Vara 74
Poppi 57
Populonia 20
Portoferraio 89

Quiesa 75

Radda 41
Radicofani 60
Rapolano Terme 69
Rassina 55, 58
Reggelo 56
Rietine 31
Riparbella 87
Rossignano Solvay 86

S. Donnato 35
S. Gusmé 30
Saline di Volterra 44, 49, 83
Sambuca 35
San Dálmazio 47

San Donoratico 83
San Gimignano 42, 43
San Giovanni d'Asso 68
San Guistino 58
San Luce 87
San Martino 90
San Quirico d'Órcia 66, 67
Santa Fiora 65
Sarteano 59
Sassetta 81
Saturnia 77
Seccheto 91
Seggiano 63
Serrazano 84
Siena 15, 21, 23, 28, 36, 39
Sinalunga 70
Sorano 76
Sovana 20, 79
Subbiano 55

Tala 58
Taverna d'Arbia 36
Tavernelle 50
Torre di Lago 75
Torrenieri 67
Torrita 70

Vada 86
Vescovado 38
Viareggio 15
Vicarello 42
Villa di Corsano 38
Volterra 20, 42, 47

Gut gerüstet für

Thomas Mayr
Rennradfahren auf Mallorca
20 ausgewählte Touren mit Straßenkarte

84 Seiten, 21 Farbfotos, 20 farb.
Kartenausschnitte, Einsteckkarte
(Maßstab 1:175.000),
Format 13 x 22 cm,
Spiralbindung mit Umschlag
ISBN 3-89595-147-1

Thomas Mayr präsentiert 20 Tagestouren mit Routenskizzen und Höhen-
profilen. Die herausnehmbare Straßenkarte sorgt für Orientierung unterwegs.

Steve Thomas / Ben Searle /
Dave Smith
Das große Rennradbuch
Training – Technik – Taktik

168 Seiten, 350 Farbfotos,
Format 21 x 27 cm, kartoniert
ISBN 3-89595-162-5

Die ganze Welt des Radrennsports in Wort und Bild: Informative Einführung
in eine facettenreiche Sportart, vor allem für Neueinsteiger empfehlenswert.

die nächste Reise...

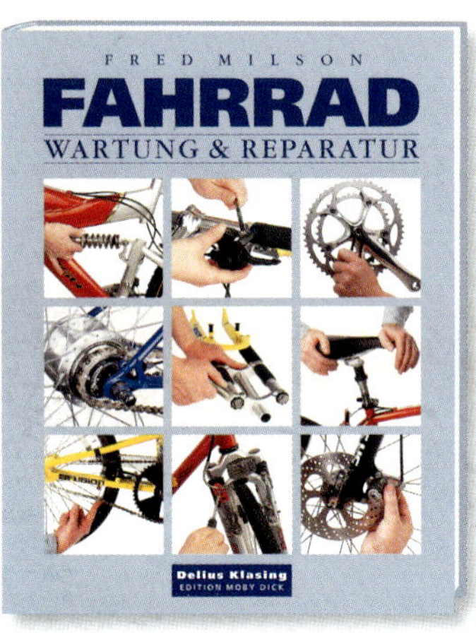

Fred Milson
Fahrrad-Wartung und -Reparatur

176 Seiten, 750 Farbfotos,
17 Skizzen,
Format 21,5 x 27,8 cm
ISBN 3-89595-157-9

Das Praxishandbuch für Rennräder, Tourenräder und Mountainbikes bietet alle Informationen von der Kaufberatung bis zur Spezialtechnik. Zum schnellen Nachschlagen, mit vielen Bildern und Glossar.

Dirk Zedler / Thomas Musch
Die Rennradwerkstatt

How-to-do-Sachbuch aus der Redaktion von TOUR, Europas größtem Rennradmagazin.

144 Seiten,
200 farb. Abbildungen,
Format 16,5 x 24 cm
ISBN 3-89595-166-8

Das Autorenduo schöpft aus den gesammelten Erfahrungen und gibt Anleitungen und Tipps zu allen relevanten Themen.

Alle Bände und noch viele weitere sind im Buch- und Fachhandel erhältlich oder direkt beim Delius Klasing Verlag, Postfach 10 16 71, 33516 Bielefeld.